CRIMINOLOGÍA Y JUSTICIA
REFURBISHED #2

CRIMINOLOGÍA Y JUSTICIA REFURBISHED #2

Participan en este número: Jorge Ramiro Pérez, Carmelo Vega, Daniel Bruns, Wael Hikal, Guillermo González, Antonio Silva y Jose Servera

Edita: Criminología y Justicia.

www.crimyjust.com

direccion@crimyjust.com

ISSN-e: 2174-1697

– – – – – – – – –

Ilustración de portada: © Eskymaks | Dreamstime.com

CONTENIDO

¡PRECAUCIÓN, HACE CALOR!

JOSE SERVERA. @JOSESERVERA

Si en Navidad todos los medios televisivos se encargan de reproducir el clásico discurso del Rey a todos los españoles, cuando suben las temperaturas ya es tradición que los noticiarios de las principales cadenas dediquen una parte de su programación a reproducir literalmente una serie de recomendaciones pensadas en favor de nuestra supervivencia veraniega: hidrátate mucho, no hagas deporte al mediodía, procura no pasar mucho tiempo al sol, cobíjate en las pocas sombras que tenga tu ciudad/lugar de veraneo, ten especial cuidado de la gente mayor, y así con un largo etcétera de consejos que superan la perogrullada con creces.

Pero siempre queda algo sobre lo que no se suele avisar tanto y que se potencia en el clima veraniego: los excesos. Litros y litronas rebosantes de alcohol, negocios dedicados exclusivamente a potenciar el desfase del cliente, fiestas populares que se han pervertido hasta el punto de echar a perder su esencia para ser sustituidas por macrobotellones masivos. Un exceso que parece que haya superado sus límites, y que en muchos casos esconden una cifra negra de delincuencia que no sale a relucir porque dentro del contexto de lujuria y descontrol la noción entre el bien y el mal es todavía más confusa que cuando uno se encuentra sobrio. No hay un cálculo de costesbeneficios, porque lo que se busca es la anulación total del pensamiento, de la prudencia que nos permite vivir un día más en nuestra vida, y de toda noción que nos evite plantear que en la tierra existe vida inteligente, por lo menos de manera temporal. El exceso es autodestructivo para el propio ser humano per se, y quizá es ese acercamiento con la muerte lo que lo hace altamente atractivo. O eso, o que nos pesa demasiado nuestra corporeidad e intentamos aliviarla ingiriendo productos que nos hagan volar, porque de otro modo no se explica la adicción al balconing.

No seré yo quien predique con el ejemplo y renuncie a ese exceso, porque como digo, tiene un componente que lo hace atractivo. Igual que me he aficionado a correr maratones porque consigue poner tu cuerpo y tu mente, principalmente tu mente, en una situación límite, lo mismo consigue la embriaguez, una práctica que por otra parte no debería escandalizarnos tanto teniendo en cuenta que se lleva a cabo prácticamente desde que el hombre es hombre. Cabe recordar, de hecho, que la embriaguez (bautizada por los griegos como *enthousiasmós*) se concebía como medio para conectar con los dioses (recientemente un futbolista de élite ex-jugador del Real Madrid, Cicinho, comentaba que había tenido un encuentro con Jesús tras haber ingerido 18 caipirinhas y 14 cervezas, aunque parece que ese encuentro no fue intencionado).

Los griegos y romanos fueron los primeros en hacer de la bebida alcohólica un medio socializador desde el momento en el que el vino se convirtió en el beber habitual de las tropas y altas esferas, y hasta el siglo XVIII todavía algunos médicos recomendaban emborracharse una vez al mes para "equilibrar los humores del cuerpo" (Murgadas y Ruiz-Domènec, 2016).

Dicho esto, hay dos elementos diferenciadores de la embriaguez de siglos pasados en comparación con la del siglo XXI:

1. La primera de ellas concierne a la interrelación con los avances tecnológicos, y los riesgos que implica: desde los más inocentes, como el de escribirle a tu exnovia para decirle que la echas de menos o para decirle a tu jefe que es gilipollas cuando llevas 5 cubatas encima (por cierto, para ello existe alguna que otra aplicación que te puede ayudar a que no caigas en la tentación, como DrunkMode); hasta los que atentan a la vida de las personas, como la conducción bajo los efectos de bebidas alcohólicas y de las drogas.

2. La segunda de ellas tiene relación con el nicho de mercado que se encuentra dentro de ese exceso, excluyendo a los fabricantes de licores y bebidas alcohólicas: desde festivales de música pensados para ser consumidos con drogas de diseño, a territorios enteros como Magaluf, e incluso islas como Ibiza, que se han lucrado gracias en buena parte a ese concepto de desfase.

No debemos olvidar tampoco un importante elemento que hace que ese exceso haya magnificado su impacto social: la instantanea capacidad de difusión de muchas de estas conductas a través de redes sociales, algunas reproducidas con orgullo por el propio implicado, en otras ocasiones grabadas sin el consentimiento de la propia persona. No sé qué hubiera pasado si hubieramos dispuesto de smartphones en la época de la movida madrileña o de la ruta del bakalao valenciana. La diferencia entre antes y ahora es que el underground más grotesco y etílico ahora puede visualizarse a golpe de click.

Para este segundo número de Criminología y Justicia Refurbished, horneado a 38 grados de temperatura a la sombra, queremos hacer una serie de recomendaciones de lectura fundamentales: hidrátate mucho, no hagas deporte al mediodía, procura no pasar mucho tiempo al sol...

BIBLIOGRAFÍA

- EFE. (2016) Cicinho: "Tuve un encuentro con Jesús tras tomar 18 caipirinhas y 14 cervezas".Elmundo.es. Recuperado de: http://www.elmundo.es/deportes/2016/07/18/578d2d58e5fdea796c8b45b4.html

- Murgadas, F. y Ruiz-Domènech, J.E. (2016) ¿Desde cuándo nos emborrachamos? La historia de los brebajes que nos hacen perder la cabeza. Revista Sapiens. Recuperado de: http://www.lasdrogas.info/noticias/31235/desde-cuando-nos-emborrachamos-la-historia-de-los-brebajes-que-nos-hacen-perder-la-cabeza.html

- Plaza, J. (2015) Si bebes, no conduzcas, ni llames a tu ex, ni escribas a tu jefe...Tlife.guru. Recuperado de: http://tlife.guru/profesional/si-bebes-no-conduzcas-ni-llames-a-tu-ex-ni-a-tu-jefe/

PATRIARCADO EN CRISIS:
PULSIÓN CRIMINÓGENA

GUILLERMO GONZÁLEZ. @GUILLEC_J

H ace mucho más de medio siglo, políticas tan improbables como Clara Campoamor o Victoria Kent campaban por entre los escaños de un parlamento español formado por hombres. El papel de las mujeres en la política era motivo de debate, y entre ambas políticas chocaban dos estrategias: la necesidad moral de Campoamor de conceder de inmediato el voto a la mujer frente al pragmatismo socialista de Kent, que parecía dispuesta a retrasar la consecución de ese derecho para evitar el fortalecimiento de la derecha y a fin de dotar de formación e información a la población femenina, muy influenciada entonces por la eclesiarquía.

Actualmente, los derechos femeninos siguen ampliándose, y ello acarrea la eclosión de miles de casos de violencia contra la mujer en el seno familiar y en la esfera social; esto es, violencia sexual como las orgías políticas o los abusos de políticos poderosos, la persecución de mujeres que "invaden" esferas comúnmente masculinas, o la cosificación televisiva.

Rescatando el artículo posmachismo, recordamos lo siguiente: el avance de los derechos y libertades de la mujer, así como su paulatina adquisición de herramientas de empoderamiento, han provocado que el modelo patriarcal entre en crisis.

"Crisis: Del lat. crisis, y este del gr. κρ?σις krísis. – f. Cambio profundo y de consecuencias importantes en un proceso o una situación, o en la manera en que estos son apreciados".

La reacción a esta crisis ha sido tanto la hostilidad hacia la irrupción de la mujer en campos hegemónicos del hombre, y el nacimiento de nuevos grupos sociales afines a ideologías del odio, como las comunidades MGTOW (Men Going Their Own Way), las Red Pill (pastilla roja), los pick up artists (artistas del ligue) o MRM (Men Rights Movement).

Estas reacciones son el síntoma de la ya mencionada crisis de patriarcado, donde el rol del hombre, tan definido durante años, empieza a perder sentido. Históricamente, al hombre se le ha exigido cumplir con un seguido de roles a cambio del encaje normativo y social:

- Reafirmación constante de la masculinidad.
- Creación y representación del núcleo familiar.
- Mantenimiento económico del núcleo familiar.
- Consecución del éxito económico mediante la posesión de bienes materiales.

VIRULENCIA DEL ODIO HACIA LA MUJER Y CRISIS ECONÓMICA

La crisis económica global, surgida en 2007, ha disparado la destrucción de muchas pymes al evaporarse las líneas de crédito de que disponían y al no poder hacer frente a pagos y a deudas. La desaparición de pequeñas empresas, junto a la sangría de despidos en grandes empresas que en España llevó a una cuarta parte de la población a las puertas del INEM, ha conllevado a la imposibilidad de quienes están tras ellas de sostener su independencia familiar, esto es, de afrontar sus hipotecas y los gastos propios de un núcleo familiar.

Hay autores que relacionan la falta de recursos con la pérdida de autoestima (Bookman, 2009; Kriesler, 2009). Matlak (2013) afirma que los problemas financieros tienen un impacto psicológico grave sobre un elevado porcentaje de la población masculina; culpa de este impacto tienen que ver con la relación cultural que las sociedades, a nivel global, establecen entre masculinidad y éxito económico.

"SOY UN MACHOTE: NO NECESITO AYUDA"

La crisis del rol tradicional masculino es un hecho al que la población masculina se adapta a medida que los individuos maduramos y adquirimos consciencia de los derechos y deberes que poseemos nosotros y nuestros vecinos, indistintamente de su sexo, etnia o religión. Pero el impacto sigue siendo importante, pues hay mensajes contradictorios sobre cuál es el rol que hombres y mujeres deben asumir hoy en día.

La aceptación de roles estereotípicos en relación al sexo y a la masculinidad tiene efectos devastadores en el hombre a nivel de salud mental. Vogel, Heimerdinger-Edwards, Hammer y Hubbards (2011) realizaron un estudio para dilucidar por qué la población masculina con problemas de salud mental es más reacia a recibir ayuda psicológica que otros grupos poblacionales. En el estudio establecieron una conexión entre cuatro factores, cada uno de ellos evaluados con escalas específicas sobre una población de 4773 hombres cuyas edades se comprendían entre los 18 y los 79 años:

- Confirmaron la relación entre conformidad frente a normas de masculinidad y comportamientos de alto riesgo, homofobia y consumo de alcohol.

- En relación con el concepto de masculinidad, definieron la existencia de un estigma autoimpuesto ante actitudes consideradas débiles, como aceptar ayuda psicológica.

- La actitud frente a la asistencia psicológica posee, según el grupo poblacional evaluado por los autores, una correlación negativa con los dos factores previos; es decir, la actitud frente a la intervención a favor de la salud mental de carácter asistencial es recibida con recelo y/u hostilidad en aquél grupo poblacional que acepta normas clásicas sobre masculinidad.

- Los síntomas cognitivos, afectivos y vegetativos de la depresión fueron examinados.

En general, se probaron diversos modelos estructurales para comparar qué orden guardan estos cuatro aspectos a la hora de relacionarse entre ellos. Una de las conclusiones más relevantes del estudio de Vogel et al. (2011), es que: "los hombres que han internalizado mensajes referentes a un comportamiento masculino dominante podrían entender la búsqueda de ayuda o asistencia como un fracaso a la hora de cumplir con sus estándares de masculinidad" (p.8).

FEMINISMO Y EMANCIPACIÓN DEL HOMBRE

La clara definición de valores considerados masculinos y deseables durante los últimos siglos – en especial la primera mitad del siglo XX – normalizó actitudes y comportamientos hoy perseguidos por ley, como la discriminación por razón de raza o condición sexual, pero, en privado, las razones para aprobar y apoyar esa clase de actitudes no terminaban de entenderse. En su libro Sociological Perspectives on Sport, Connell (2015) ilustra las reflexiones de un atleta australiano a través de una profunda entrevista. En ella se deja claro el elemento que hace del atleta entrevistado un ejemplo de masculinidad: competitividad, publicidad de su imagen como producto, disciplina extrema y mantenimiento de su imagen pública. Pero su ejemplo choca frontalmente con otra clase de masculinidad que su entorno parece conocer bien: borracheras y peleas de bares.

Las definiciones de este atleta sobre las mujeres, los homosexuales y el feminismo son una mezcla de desconocimiento y desprecio verbal culturalmente heredado, pero sin un posicionamiento claramente hostil, demostrando de este modo que su actitud es más de indiferencia que de auténtica oposición. Pero lo interesante viene en cuanto a responder sobre qué significa "ser un hombre", respuesta que el atleta no es capaz de responder de forma clara.

El quid de la entrevista es la presión social que ser un ejemplo de masculinidad conlleva para el atleta entrevistado. La masculinidad no es un atributo biológico, sino un atributo social concedido a modo de recompensa. A cambio de éste, las acciones del receptor se veían restringidas a una serie de patrones que entraban dentro de esa definición. Ser homosexual, físicamente débil o poco agresivo eran, claramente, factores anatema.

Los éxitos políticos y sociales del feminismo han irradiado la esfera de la vida del hombre. Para empezar, la legislación sobre agresiones sexuales con resultado de violación empezó a cambiar en los Estados Unidos gracias a la más que pragmática alianza entre luchadoras blancas de los derechos de las mujeres, eminentemente de clase media, con las feministas negras cuya fuerza crecía durante los años setenta, y cuya particular y ominosa situación (despreciadas y asesinadas por ser negras, a la vez que eran violadas por sus propios verdugos blancos) despertó la conciencia de parte de la población blanca progresista. Cuando la segunda oleada feminista propuso un análisis de la violación como un acto de violencia ejercida como relación de poder sobre alguien, miles de casos de mujeres que sufrieron abusos en su infancia por familiares o gente cercana brotaron a la superficie. Fue entonces, y solo entonces, cuando surgieron a la vez voces de hombres que habían sufrido exactamente la misma clase de abusos; la ley del silencio de las víctimas masculinas de violaciones empezó a resquebrajarse, y obligó a las autoridades a definir la violencia sexual no solo como un problema político y de un sexo, sino un problema universal que podía afectar a cualquier ser humano.

El desencadenante de que los hombres empezaran a denunciar también sus historias de abusos sexuales fue el éxito de aquella segunda oleada feminista en poner en entredicho normas y costumbres de género sexistas. De repente, las víctimas masculinas de violación descubrieron que, quizás, podían alzar su voz sin temor a ser despreciadas o vilipendiadas.

La conquista del derecho a la baja por maternidad se ha extendido a la baja por paternidad, un derecho más que merecido para los hombres que quieren y deben poder disfrutar del cuidado de sus hijas e hijos.

La liberación ha venido también en forma de derechos reproductivos. La comercialización de las píldoras anticonceptivas se dio durante los años sesenta en los Estados Unidos con una fuerte oposición conservadora. En consecuencia a la moralidad imperante, algunos estados prohibieron la venta de las píldoras. En aquél entonces, el Tribunal Supremo decretó que prohibir la compra de píldoras anticonceptivas violaba el derecho a la privacidad que la Constitución de los Estados Unidos tiene por norma sagrada e inviolable.

Un decreto de ese tipo puede tener un impacto increíble. En este caso, supuso un espaldarazo a los movimientos feministas que temían un incremento de la venta de píldoras adulteradas en el mercado negro, con el subsecuente riesgo para la salud, pero también ayudó a la población masculina; la posibilidad de las parejas de hecho y de menores de obtener la píldora abrió las puertas a unas etapas; una de investigación sobre salud reproductiva; la otra, de sexualidad conjunta, que dejaba de concebir a la mujer como una mera figura utilitaria para convertirla en una compañera sexual, a la vez que las parejas veían aumentada su libertad.

La universalización de los servicios de salud reproductiva benefició no solo a las mujeres; la asistencia en materia de salud reproductiva se extendió a todo el mundo, acogiendo también a hombres y personas transexuales y mejorando así su calidad de vida.

CONCLUSIONES Y LLAMADA A LA REFLEXIÓN

Las luchas por los derechos de las mujeres han liberado al hombre de una serie de normas sociales y morales que, en realidad, nunca había escogido. Gracias a la liberación de la mujer, el hombre pierde la cadena que le obliga a proveer a nadie salvo a sí mismo o a personas directamente dependientes de él por razones de salud.

Muchas escuelas de pensamiento criminológico constatan una relación entre algunas formas de delincuencia y situación socioeconómica. La delincuencia patrimonial suele correlacionar con más frecuencia factores de pobreza y precariedad económica, mientras que la delincuencia doméstica encuadrada en el maltrato y el abuso tiene poco de económico y mucho de construcción de género como sistema vertebrador de responsabilidades de la mujer y autoridad del hombre (Dobash y Dobash, 1998). Las vías en las que se contruye el género de un modo propiamente machista son múltiples, siendo la violencia, para los maltratadores, una estrategia, un recurso para reafirmar que se es "hombre" (Hearn, 1998). Vistolo visto, no parece tan extraño que, bajo el paraguas de una cultura "macho" que obligue a sus integrantes a reafirmar su masculinidad de manera constante para no perder la aceptación grupal desde pequeños, los casos de maltrato doméstico sean más comunes que en una cultura donde la escala de aceptación social sea mucho más amplia, y dé cabida a identidades alternativas.

Irónicamente, los derechos de las mujeres han otorgado a sus detractores un interesante abanico de privilegios:

- La libertad para escoger la pareja y ser escogido, y el derecho a permanecer soltero sin miedo al escrutinio social.

- La libertad para escoger una pareja sexual sin miedo al escrutinio social.

- El uso de servicios de planificación familiar, salud sexual y derechos reproductivos

- La no obligación de sostener financieramente un núcleo familiar.

- La oportunidad de progresar económicamente gracias a la contribución de la pareja

- El uso y disfrute de la baja por paternidad.

- La liberación de tener que cumplir normas sociales opresivas antes consideradas deseables y propias de un hombre.

- La inclusión del hombre como víctima en los tipos penales de agresión sexual.

El resultado de las políticas promovidas por la lucha a favor de los derechos de la mujer ha sido una expansión de los derechos del hombre, sin perjuicio del resto de población que también se ha beneficiado de estas luchas, como la infancia o la tercera edad, pero que no se mencionan aquí. La reflexión final tiene que ver con la llamada a la aceptación de un hecho: que las definiciones de lo que es socialmente deseable se han ampliado, y las normas clásicas se han debilitado, y ese proceso seguirá siendo así en años venideros. Esto ha provocado un conflicto generacional que se traduce en movimientos de odio contra la mujer y en defensa de valores en claro declive; de la sociedad civil y de la pervivencia de la lucha por estos derechos depende que este conflicto generacional – el paso de un sistema patriarcal a uno más tolerante, libre e inclusivo – sea lo menos dañino posible.

14

BIBLIOGRAFÍA

- Anderson, K. L., & Umberson, D. (2001). Gendering violence: Masculinity and power in men's accounts of domestic violence. Gender and Society, 15(3), 358-380. doi:10.1177/089124301015003003

- Dobash, R. E., & R. P. Dobash. 1998. Violent men and violent contexts. Rethinking violence against women. Thousand Oaks, CA: Sage.

- De Ganck, J., & Vanheule, S. (2015). "bad boys don't cry": A thematic analysis of interpersonal dynamics in interview narratives of young offenders with psychopathic traits. Frontiers in Psychology, 6, 960.

- Goodey, J. (1997). Boys don't cry. The British Journal of Criminology, 37(3), 401.

- Hearn, J. 1998. The violences of men: How men talk about and how agencies respond to men's violence against women. Thousand Oaks, CA: Sage.

- Karen, D., & Washington, R.E. (editores) (2015). Sociological Perspectives on Sport: The Games Outside the Game. Routledge: New York.

- Matlak, M. (2014). The crisis of masculinity in the economic crisis context. Procedia – Social and Behavioral Sciences, 140, 367-370. doi:10.1016/j.sbspro.2014.04.436

- Vogel, D. L., Heimerdinger-Edwards, S. R., Hammer, J. H., & Hubbard, A. (2011). "boys don't cry": Examination of the links between endorsement of masculine norms, self-stigma, and help-seeking attitudes for men from diverse backgrounds. Journal of Counseling Psychology, 58(3), 368.

¿VIVA SAN FERMÍN?

CARMELO VEGA. @WERTHEROR

Es 6 de Julio, cerca del mediodía. Miles de personas abarrotan la plaza y los empujones se transmiten como olas humanas, pañuelos rojos al viento que con alguna dificultad se consiguen elevar entre una maraña de cuerpos, brazos y cabezas. Vino, champán y cava salta por los aires, cae encima de la gente y sus indumentarias teóricamente blancas, se agradece debido al calor sofocante después de un par de horas esperando el gran momento. Obviamente un gran volumen de esas bebidas alcohólicas no ha sido desaprovechado y afecta a la actitud, desinhibición y ganas de disfrutar de la fiesta de los asistentes.

Algunas mujeres son aupadas a hombros, dejando ver sus encantos que también son remojados por el vino que durante toda la semana estará presente en las calles junto a otros líquidos de efluvios más desagradables. Algunos hombres aprovechan la ocasión para tocar y manosear a las mujeres que se alzan sobre la muchedumbre, éstas no parecen mostrar grandes signos de desaprobación. En algún caso podemos observar la inversión de sexos en esta práctica pero de forma más esporádica.

Quien haya estado en las fiestas de San Fermín o haya podido verlo a través de los medios de comunicación o la red reconocerá en seguida esta situación que se lleva repitiendo durante los últimos años. De igual modo que son escena habitual los vencidos por el alcohol y la fiesta que se recuperan en cualquier acera, banco, jardín o parque de Pamplona. O los guiris que saltan desde la fuente de Navarrería mientras se les intenta acertar con botellas y vasos por parte de los locales tal y como la propia web guía de la fiesta indica (Sanfermin.com, 2016).

VIOLENCIA CONTRA LA MUJER: UN PROBLEMA CRECIENTE EN SAN FERMÍN

En este contexto y más allá de las escenas que se producen durante el Txupinazo donde algunas mujeres son manoseadas entre la muchedumbre existe una problemática creciente en relación a abusos y agresiones sexuales que se producen en el marco de las fiestas de San Fermín. Es innegable que la fiesta se ha ido convirtiendo en un desfase de una semana de duración, con los encierros como principal atractivo ya sólo para unos pocos nostálgicos y la fiesta y el alcohol como motor para la mayoría.

Sin entrar en profundidad en las consideraciones éticas que sin duda merece la festividad taurina en relación al abuso animal, en los últimos años se han producido y detectado abusos y agresiones sexuales durante las festividades, las señales de alarma que algunas asociaciones feministas llevaban tiempo dando han sido escuchadas (Iniciativafeminista.es, 2011). La opinión pública muestra su aprensión a través de los comentarios en las redes sociales, en las declaraciones a los medios de comunicación o en los comentarios de las noticias acerca de abusos o agresiones sexuales durante las fiestas. Las autoridades ya son conscientes del problema o quizá ya no son capaces de mirar hacia a otro lado.

Si atendemos a los 136,5 millones de euros que reporta a Pamplona cada edición de San Fermín según la patronal ANOET (J. Lamet, 2015) o al gasto medio por asistente de 100 al día según la oficina de turismo municipal resulta tentador mantener y potenciar la fiesta en las condiciones actuales. El desenfreno y el consumo desmedido reporta pingües beneficios para la ciudad y sus negocios pero el fin no justifica los medios y quizás deberíamos atender también a otros parámetros como la seguridad y la integridad de las personas que asisten en la organización de la fiestas y todo lo que rodea a la misma.

MEDIDAS EN ESTE 2016

Parece ser que las autoridades se han percatado en cierta medida de la necesidad y este 2016 se implantaron diferentes medidas e iniciativas para reducir la violencia contra las mujeres que se produce durante los festejos.

Además de la habitual presencia policial y de la instalación de cámaras de vigilancia en ciertos lugares estratégicos, se inició una campaña que buscaba la vigilancia social activa y la repulsa de actitudes sexistas tanto en relación a los tocamientos que se producen habitualmente el primer día como los posibles abusos y agresiones sexuales que se pudieran producir durante los días que duran las celebraciones (El Periódico, 2016; D. Prieto, 2016). Bajo el lema "Por unas fiestas libres de agresiones sexistas" se pretendía concienciar a los asistentes a los festejos de la problemática e incluso se redactó una guía donde se daba información importante, consejos y protocolos a seguir junto a una serie de números telefónicos de interés. Esta información abarcaba tanto la perspectiva preventiva como la perspectiva proactiva en el caso de ver o sufrir alguna de las conductas mencionadas.

En relación a dicha guía, (Sanfermin.pamplona.es, 2016) si bien está diseñada pensando en la mujer como destinatario principal, pienso que no aprovechó totalmente la oportunidad de dar mandar mensajes e informaciones también al género masculino. La labor de prevenir dichas conductas es en este caso, más que nunca, una tarea conjunta de hombres y mujeres. Considero que debe buscarse la implicación masculina también con mensajes dirigidos específicamente para ellos, algo fundamental desde mi punto de vista si queremos crear una conciencia social realmente contraria a estas actitudes.

Es necesario el convencimiento real de que es una tarea de ambos géneros y no convertir la problemática en una lucha de sexos sino en un objetivo a conseguir en conjunto. Por ello pienso que se debe alentar a la implicación directa del género masculino para facilitar que esto suceda.

INCREMENTO DE LAS DENUNCIAS

Dichas iniciativas muy loables y necesarias no parecieron ser suficientes para impedir que se siguieran produciendo estas conductas durante las fiestas. Los festejos se iniciaron con 5 detenidos por una agresión sexual a una chica (Sanfermin.com, 2016) y se completaron durante toda la festividad con un total de 17 denuncias por delitos sexuales, de ellas: 6 agresiones sexuales y 11 por abusos sexuales. Esto supone un importante aumento respecto a años anteriores, en los años 2013, 2014 y 2015 se registraron 7, 5 y 4 denuncias respectivamente. (A. Esteban, 2016) Respetando el hecho de que todavía no están juzgados los acontecimientos y que una de ellas resultó ser una denuncia falsa que ya ha sido desestimada (Navarra.com, 2016), se puede observar un aumento considerable aun siendo números pequeños, pero... ¿Qué significan estos números? ¿Qué conclusiones podemos obtener?

Estas cifras no indican directamente un mayor o menor volumen de delitos sexuales durante las fiestas, debemos ser conscientes que al igual que en el resto de delitos, existe una cifra negra y que el número de casos que llegan a las autoridades policiales y judiciales son una porción de todos los que realmente puedan estar sucediendo. Este aumento de denuncias significa que paradójicamente uno de los objetivos de la administración y las entidades que colaboraron con las medidas y campañas puede estar empezando a cumplirse, pese a detectarse más casos puede que el volumen del problema no haya aumentado o disminuido pero sí la propensión a la denuncia, un elemento clave para la persecución de los posibles infractores pero también para que la víctima pueda ser atendida de la mejor forma posible. Es una señal de una mayor conciencia social del problema, inequívocamente uno de los objetivos de la campaña y algo fundamental para obtener información más cercana a la realidad de lo que sucede y para prevenir por parte de la ciudadanía en la medida de lo posible este tipo de conductas no deseadas.

En relación al volumen de la problemática estas cifras todavía no nos permiten sacar conclusiones más allá de la certeza de que el problema existe y de que pese a los esfuerzos de la administración y la ciudadanía pamplonesa todavía lo hace en una medida importante. Se requiere por tanto de mayor investigación, análisis y de un diseño de nuevas medidas o de mejora de las ya existentes.

En este sentido sería importante recalcar que cuando se reflexiona sobre una problemática delictiva y de las medidas que se puedan llevar a cabo deberíamos ser honestos. Tanto los profesionales del mundo de la criminología, seguridad u otras disciplinas que pudieran estar involucradas, como los políticos responsables de impulsarlas deberían advertir e informar por un lado de que los efectos de las medidas puede que no sean inmediatos y que requieran de un plazo importante para su éxito y por otro lado que la seguridad absoluta y la erradicación total son difícilmente alcanzables por no decir imposibles de alcanzar. Si partimos de estas premisas podemos analizar y explicar los sucesos de la mejor manera y diseñar las mejores medidas para el que debe ser el objetivo real: reducir al máximo la actividad delictiva, en este caso concreto los delitos sexuales que se producen durante las fiestas.

REACCIÓN SOCIAL

La reacción social hacia estas agresiones y abusos de índole sexual fue contundente, miles de personas se congregaron para manifestarse en contra de las mismas en la plaza del Ayuntamiento y las autoridades políticas así como entidades feministas hicieron declaraciones en contra de la situación. (Lasexta.com,2016; Europa Press, 2016) Cada vez parece ser que se toma mayor conciencia de la problemática, más personas y más entidades muestran enérgicamente su rechazo hacia la violencia sexual y se denuncian tanto las agresiones sexuales como otras manifestaciones de menor intensidad como pudieran ser los citados tocamientos.

Existe un consenso social muy amplio acerca del rechazo a los abusos sexuales y las agresiones sexuales que se dan contra las mujeres, no sólo por el propio hecho y la experiencia negativa sino por los daños psicológicos que suelen sufrir a medio y largo plazo dichas víctimas. Sin embargo dicho consenso no es tan amplio cuando hablamos de causas, responsables y lo que piensa la opinión pública respecto a los motivos y lo que se debería realizar para buscar la reducción de estas conductas desviadas.

DEBATE PÚBLICO

Cuando se discurre acerca de las causas y el contexto que envuelve los hechos podemos comprobar como surgen diferentes opiniones y argumentos respecto a qué puede explicar el problema. Las redes sociales, las tertulias en televisión y los comentarios sobre las noticias se suceden, después de algunos años en la sombra el debate sobre la violencia sexual durante la semana de San Fermín es objeto de luz y taquígrafos. Se atribuyen los abusos y agresiones sexuales a diferentes causas.

Algunos acusan directamente a las relaciones de poder del hombre sobre la mujer y al machismo presente en la sociedad como un precursor para estas agresiones. Consideran que el sistema social patriarcal y estos valores machistas son un factor que precipita que algunos hombres se sientan con ascendencia suficiente para tener relaciones sexuales y expresar su dominio sobre la mujer, en este caso abusando de ellas. Según este punto de vista si no se educa en términos de igualdad y de respeto a la mujer las agresiones seguirán sucediendo.

Otro punto de vista da un papel principal al alcohol, las drogas y el desenfreno con el cual se viven las fiestas, consideran que el exceso de alcohol consumido tanto por potenciales agresores como por potenciales víctimas facilita que se produzcan estos sucesos. Aumenta la propensión a cometer agresiones sexuales y también la vulnerabilidad de las potenciales víctimas. Según estas voces si se sigue promocionando y alentando la fiesta en las circunstancias actuales y no se modifica el clima de "todo vale", pese a los beneficios económicos que supone, las agresiones seguirán sucediendo.

Otros utilizan a los extranjeros como chivos expiatorios para estos sucesos, demonizando los turistas y acusándoles de ser mayoría en las personas que se involucran en estas agresiones. Incluso podemos ver manifestaciones más curiosas en los medios donde se relacionan directamente la participación en los encierros y el ser corredor con las agresiones mediante supuestamente una mayor producción de testosterona por la situación de riesgo de correr delante del toro y el componente machista del mundo taurino en general. (Noticiasdenavarra.com)

Cualquier publicación en las redes sociales, foros de internet o en los comentarios de una noticia relacionada en las webs de los medios de comunicación generan un debate encarnizado donde mayoritariamente algunas personas señalan al machismo predominante en la sociedad como culpable y otras al consumo de alcohol, drogas y al contexto de desenfreno sexual que se vive en el contexto de las fiestas. ¿Quién está en posesión de la razón?

ANÁLISIS MULTIFACTORIAL

La respuesta como a cualquier problemática social y criminológica no es sencilla y directa. No todos los hombres que viven en esa sociedad patriarcal y machista llegan a abusar o agredir sexualmente de ninguna mujer. No todos los hombres y mujeres que están en ese contexto de alcohol y fiesta se ven involucrados en estas situaciones. Evidentemente no todos los que cometen estos actos son extranjeros, ni tampoco son corredores o necesariamente aficionados a la tauromaquia. Probablemente no existe una única causa todopoderosa que por sí sola sea capaz de explicar una conducta humana y este caso no sería una excepción. Esto supone uno de los problemas que nos encontramos cuando analizamos y debatimos sobre estas temáticas y más cuando afectan de un modo tan severo sobre la salud y la integridad de las personas.

Al problema de querer resolver rápidamente la cuestión se unen también las implicaciones éticas que conlleva el posicionarse y manifestarse positivamente en favor de alguna de las causas. Por ejemplo, asumir que el contexto de desenfreno sexual y de consumo de drogas tiene influencia puede ser visto como una justificación y la adjudicación a la mujer de una posición de víctima provocadora. En este sentido me parece fundamental diferenciar entre intentar explicar y justificar los hechos que suceden, la pretensión de conocer todos los factores que influyen en que se produzcan abusos y agresiones sexuales no puede ser confundida con la justificación de los hechos o con una menor condena de los mismos. Debemos ser honestos también en esta ocasión y no rechazar la influencia de algunos factores sólo porque puedan no encajar con nuestra ideología o consideraciones éticas sobre los hechos analizados.

Si queremos llegar a una explicación precisa que nos permita posteriormente diseñar programas y actuaciones que tengan éxito en la reducción de las conductas indeseadas debemos considerar un análisis multifactorial que abarque factores individuales, sociales y situacionales. Es tan importante analizar la influencia de los valores de nuestra estructura social en los hombres para llegar a realizar abusos o agresiones sexuales, como el análisis de la influencia del consumo de alcohol y el contexto de desenfreno más concreto que se da en este caso, así como realizar un análisis espacial y temporal de dónde y cuándo se producen.

Si cotejamos los diferentes factores podemos poco a poco aproximarnos a las causas más generales que puedan propiciar los abusos y agresiones sexuales, entender la influencia del contexto festivo y de desenfreno, la afectación que pueda tener el consumo de alcohol u otras drogas y también los lugares y los horarios en los que se producen de forma más habitual. Se deben investigar los diversos factores de un modo holístico sin pretender obtener ni una respuesta sencilla ni muy rápida, sin embargo lo que sí requiere premura y determinación es la apuesta por profesionales de las ciencias sociales que mediante sus estudios nos brinden información y conocimiento con el que poder trabajar en prevención y tratamiento de la problemática.

PAPEL DE LA CRIMINOLOGÍA

Con esta información y con un trabajo de fondo tanto de investigación científica como de diseño e implantación de medidas podemos aspirar a reducir el volumen de estas conductas en San Fermín y en otras festividades donde se puedan dar unos condicionantes similares. Algo que por mucho ímpetu y buena intención que lleven detrás no pueden conseguir los comentarios en las televisiones y páginas webs, ni los debates en las redes sociales. Ni tan siquiera pueden conseguirlo las manifestaciones de rechazo durante las fiestas tan útiles y necesarias para generar conciencia. Para recorrer este camino, se requiere de algo más que crear conciencia social del problema, se requiere de algo más, se requiere de la Criminología.

Si realmente quieren mejorar la situación es necesario que las autoridades políticas, organizaciones e instituciones implicadas, más allá de ponerse detrás de una pancarta o realizar declaraciones en la prensa condenando la situación, apuesten por la ciencia criminológica como medio principal para prevenir la delincuencia. En el caso que nos ocupa sería la violencia sexual que sucede durante las fiestas, pero la misma situación sucede en las agresiones y abusos sexuales que puedan ocurrir durante el resto del año o en cualquier otra conducta antisocial o delictiva que ocurra en nuestra sociedad.

Para el estudio de las causas y la prevención de las conductas de violencia mencionadas la Criminología debe tener un papel central tanto a nivel global como en situaciones y contextos más concretos, como pudieran ser los abusos y agresiones sexuales. Debemos valernos de nuestra ciencia como herramienta para analizar y dar respuestas a la problemática detectada, las medidas deben estar basadas en estudios previos y también deben ser evaluadas tras su implantación para poder mejorar sus puntos débiles y potenciar sus fortalezas.

En este sentido las autoridades responsables no deben dejar de manifestarse en contra de los abusos y agresiones sexuales en sus calles, ciudades y festividades. Pero deben promover con financiación y máximo apoyo los estudios empíricos sobre la problemática, deben contratar profesionales que puedan diseñar planes de prevención que vayan más allá de una campaña de concienciación, deben tener paciencia y apostar por soluciones que quizás no luzcan tanto de cara a la opinión pública en el corto plazo, pero seguro garantizan el mayor rigor y por tanto la mayor posibilidad de éxito en el futuro.

CONCLUSIONES

Los criminólogos y criminólogas podemos y debemos aportar con nuestros conocimientos teóricos y metodológicos una respuesta que pueda llegar más allá de debates éticos y de correlaciones sencillas. Podemos conocer de forma más precisa el verdadero volumen de la problemática corrigiendo en parte la cifra negra, cómo afectan los valores machistas en los hombres en relación a la propensión a realizar abusos y agresiones sexuales. Podemos conocer cómo afecta el contexto de desenfreno y desinhibición que se produce en las fiestas, cómo afecta el consumo de alcohol y drogas y si facilita o no que se produzca más violencia sexual. Podemos conocer qué espacios facilitan que se produzcan y cuándo es más probable que sucedan. En definitiva podemos aportar el conocimiento necesario para poder abordar la problemática con la seriedad y rigor que requiere y alcanzando las diferentes dimensiones donde se encuentran los factores que influyen en su producción. Tras ello también somos los más indicados para diseñar las mejores campañas, medidas de prevención e incluso para asesorar en la gestión de la seguridad por parte de las autoridades policiales.

Antes de proponer mayor educación en igualdad de género (necesaria sea o no factor que influye en las agresiones sexuales), un mayor control del consumo de alcohol, una mayor rigidez en el código penal o la censura de ciertas actitudes de desenfreno que se producen en la fiesta, debemos actuar con rigurosidad y estudiar de forma empírica qué factores influyen y en cuáles es más probable el éxito en cuanto a la prevención.

Para ello se requieren medios económicos y una apuesta decidida por la ciencia que permita realizar estudios del contexto concreto como pueden ser la obtención y análisis de estadísticas oficiales, encuestas de victimización, entrevistas, trabajos de campo, análisis espaciales del delito, etc. En este sentido para un mejor conocimiento tampoco debemos cerrarnos a un solo método y se deben llevar a cabo metodologías mixtas que permitan un amplio conocimiento del contexto concreto y mejorar así las prestaciones de las medidas diseñadas tras esos estudios.

"No es No" reza uno de los lemas de la campaña realizada en contra de los abusos sexuales en San Fermín, "Sí es Sí" es la respuesta que se merece la Criminología y la que debe darle la sociedad navarra en concreto y toda la sociedad en su conjunto, los responsables de tomar las decisiones en los diferentes gobiernos si realmente su deseo es mejorar la situación y reducir la violencia sexual en sus calles deben apostar por ella.

REFERENCIAS BIBLIOGRÁFICAS

- Ayuntamiento de Pamplona. (2016). Por unas fiestas libres de agresiones sexistas. Recuperado de: http://sanfermin.pamplona.es/verDocumento/verdocumento.aspx?idDoc=147

- El Periódico. (2016). Refuerzos contra las agresiones sexuales en San Fermín Recuperado de: http://www.elperiodico.com/es/noticias/sociedad/pamplona-refuerza-prevencion-las-agresiones-sexuales-durante-sanfermin-5249692

- Esteban, A. (2016) La lacra de los abusos sexuales deja un balance de 17 detenidos en Sanfermines. Elnacional.cat.   Recuperado   de: http://www.elnacional.cat/es/sociedad/san-

fermin-abusos-sexuales-
detenidos_106255_102.html

- Europa press. (2016) Masivo rechazo a la violencia machista en Pamplona: "No es NO. Eraso sexistarik ez". Noticiasdenavarra.com. Recuperado de: http://www.noticiasdenavarra.com/2016/07/07/sociedad/navarra/masivo-rechazo-a-la-violencia-machista-en-pamplona-no-es-no-eraso-sexistarik-ez

- Iniciativafeminista.es. (2011) Comunicado de Andrea y Lunes lilas sobre las agresiones sexuales en fiestas san Fermín (2011). Recuperado de: http://iniciativafeminista.es/violaciones-en-los-sanfermines/

- Lamet, J. (2015) Los Sanfermines, un negocio redondo. El Mundo. Recuperado de: http://www.elmundo.es/cultura/2015/07/13/55a42e53e2704e83658b4592.html

- Lasexta.com. (2016). Miles de personas inundan Pamplona para protestar contra la primera agresión sexual en San Fermín 2016.

- Navarra.com (2016) A juicio una mujer por denunciar falsamente un abuso sexual durante los Sanfermines. Recuperado de: http://www.navarra.com/articulo/sanfermin/investigan-mujer-denunciar-falsamente-abuso-sexual-sanfermines/20160712164147056573.html

- Noticiasdenavarra.com. (2016) Victoria Lafora culpa a los encierros de las agresiones sexistas. Recuperado de:

http://www.noticiasdenavarra.com/2016/07/
13/especiales/sanfermines-2016/victoria-
lafora-culpa-a-los-encierros-de-las-agresiones-
sexistas

- Prieto, D. (2016) San Fermín, se acabó el manoseo. El Mundo. Recuperado de: http://www.elmundo.es/cultura/2016/07/06/577cd44ce2704eb3268b45ca.html

- Sanfermin.com. (2016). Detenidas 5 personas por agresión sexual. Recuperado de: http://www.sanfermin.com/es/blog/detenidas-5-personas-por-agresion-sexual/

- Sanfermin.com. (2016). Fiestas sin agresiones sexuales. Recuperado de: http://www.sanfermin.com/es/guia-de-la-fiesta/fiesta-sin-agresiones-sexuales/

- Sanfermin.com. (2016) Saltos y asaltos de la Fuente de Navarrería en San Fermín. Recuperado de: http://www.sanfermin.com/es/blog/saltos-y-asaltos-de-la-fuente-de-navarreria-en-sanfermin_65/

EL CYBORG Y SUS HABILIDADES CIBERSOCIALES DE REPRODUCCIÓN VIRTUAL: LA REVOLUCIÓN DEL CORTEJO ERÓTICO-FESTIVO

ANTONIO SILVA. @ROMMAN_YEAH

RESUMEN

El cyborg como nueva entidad bio-psico-social ha tenido que adaptarse a su naturaleza más próxima en todos los aspectos posibles. Ello ha conllevado a que no solo haya desarrollado un nuevo paradigma de comunicación textual, verbal o visual, sino que también ha adaptado las funciones del anterior humano convirtiendo los sentimientos en emoticonos, las esperanzas en hashtag o el arte en filtros Instagram. Lo cierto es que el arte amatorio no ha sido menos y el tradicional cortejo ha sufrido una fuerte transformación que merece un estudio apropiado, porque de la misma también ha surgido software malicioso.

Palabras clave: cyborg, ciberespacio, cibersexo, desviación sexual, app

INTRODUCCIÓN AL ARTE AMATORIO CYBORG

"Las pasiones de la lujuria son inexorables. La lujuria exige, provoca y tiraniza" (Marqués de Sade).

La frugalidad amatoria, pasional y lúbrica ha sido una seña de identidad humana desde el inicio de su existencia, ya fuere como requerimiento biológico, como medio de reproducción de la especie o como instrumento propio del hedonismo más profundo (Jung, 2003). Así pues, podemos hallar en la literatura desde códices técnico-libidinosos como el kamasutra (Mallanaga, 2005) que promete a los amantes llegar al nirvana del placer hasta novelas caballerescas repletas de amor romántico o auténticas biografías del cortejo cassanovesco. Pero con el devenir de la posmodernidad, el medio social ha mutado y el animal que en él habita no ha seguido una tendencia contraria. Mientras que filmes como "50 shades of Grey" (Taylor, 2015) han enseñado a los dramaturgos de lo cotidiano (Goffman, 2001) a nivel mundial las bondades del bondage y el sado vainilla, han surgido también herramientas para hacer realidad nuestros deseos sexuales más ocultos, pero ahora dotados de un entorno aséptico y frio que permite desde realizar un ciberbukake (Torbe, 2016), comprar ropa interior marcada (Cabrero, 2016) o hacer llegar a infinitos placeres orgiásticos a una joven amateur a través de SMS que se convierten en vibraciones clitorianas (Cuesta, 2013). Ante todo este abanico de posibles, también nace una desviación más profunda si cabe, el uso de aplicaciones móvil para el cortejo oscuro, la mercantilización del sexo o incluso la agresión física. Es por ello que la Criminología Cyborg (Pérez, 2016) debe establecer directrices a este respecto, las aplicaciones no dejan de surgir como un código infinito de texto plano, cada vez son más las posibilidades para el mal uso de estas y aunque se han establecido medidas de seguridad para evitar algunas de estas desviaciones, las mismas devienen insuficientes. Tal vez por un asesoramiento no adecuado o, quizás, por una imaginación cada vez más sofisticada de un cyborg hambriento de perversión y sin un control social eficaz sobre el mismo. Ante el código ágrafo de la moral y la ética imperante en las tabulaciones del océano cibernético, el individuo baila entre la deriva (Matza, 2014) del oleaje que le aborda y habrán de generarse una serie de medios preventivos para evitar que esta fenomenología detone en un sucedáneo de ETS. El criminólogo deberá generar profilácticos de silicio suficientemente eficaces como para gestionar los posibles riesgos.

Podemos, pues, crear un entorno saludable de herramientas alternativas que ayuden al cyborg a relacionarse con sus iguales bajo la perspectiva post-género aquiescente a este ente social (Haraway, 1991), protegiendo los derechos fundamentales de cada individuo y generando una nueva forma de entender la pasión, el amor o el sexo. ¿Serían estas formas neotribales más óptimas? Ello habrá de evaluarse con el trascurso del tiempo, pero hemos de ser conscientes de que a día de hoy, y solo ha día de hoy, el cyborg ha sido capaz de inmortalizarse, pero no de reproducirse fácticamente.

SOFTWARE DE SEDUCCIÓN

Si bien antes se utilizaba determinado tono de voz, picaresca o una semiótica gestual seductora para conquistar a la otredad, el cyborg utiliza un característico lenguaje, una picaresca transformada y una semiótica extrapolada a pequeños emoticonos de color amarillo. Pero, como bien sabemos, el cyborg es un metahumano, un ser con capacidades extraordinarias que, de alguna u otra forma, colman las carencias del mundano individuo superado (Margalef & Silva, 2016). Así sucede también en este prisma social, el nuevo protagonista de la urbe binaria ha sido lo suficientemente ingenioso como para generar protocolos mediante los cuales poder enfatizar la búsqueda del objeto de deseo amoroso y sexual, fuere este desviado o no e independientemente de las barreras espacio-temporales o de género. Así pues podemos ver una amalgama de actualizaciones para instalar en nuestra memoria flash, Meeting, Badoo, Grindr, StreetMatching, AdoptaUnTio, Good2Go, etc. Cada una con una funcionalidad específica distinta, algunas más orientadas al sexo, otras al establecimiento de relaciones amorosas, unas más orientadas al colectivo LGTB, otras más a heterosexuales varones o mujeres, etc. El quid a fin de cuentas es que, de una u otra forma, el cyborg se asegura su cacería, satisface su deseo predatorio originario y colma sus expectativas sexuales.

Nada de lo citado anteriormente es meritorio de rechazo alguno. De facto, asombra la funcionalidad que puede llegar a cosechar este tipo de prácticas ante usuarios que realmente busquen los resultados que las mismas prometen. Pero como toda realidad social, también las app de este tipo contienen su especial ying-yang. Si bien los hacedores oligárquicos de este tipo de software los generan metódicamente con una doble funcionalidad objetiva, generar beneficios económicos y fomentar el intercambio de relaciones sexuales o afectivas, es igualmente cierto que el consumidor de este tipo de productos tiene la oportunidad de revertir dichos objetivos a conveniencia, algo que deviene racional en el entorno dinámico ciberespacial (Pérez, 2016). Así, veremos como una de las opciones que proponen alguna de estas aplicaciones, el seguimiento geográfico en tiempo real de cada usuario (Farrés,

2015), se puede ver infectada por la toxicidad de la homofobia, la xenofobia, los abusos y agresiones sexuales, etc. Por otra parte, aplicaciones que se han destinado a defender el status de la mujer en la sociedad combatiendo determinadas lacras socio-patriarcales se ha convertido en medio de discriminación masculina o medios que estaban pensados para el mero contacto social se han terminado utilizando incluso para el mercadeo de sexo.

De todo lo anterior se extrae, que el método de seducción del cyborg es abierto a potenciales desviaciones como paralelamente sucede con la praxis en la vida física. He aquí uno de los puntos en los que se aprecia la necesidad de criminólogos especializados en ciberdelincuencia para la asistencia de los anteriormente denominados hacedores oligárquicos, chamanes del código y alquimistas del bit. No obstante, podemos vislumbrar como la etnografía virtual (Hine, 2000) no ha tenido desarrollo en materia criminológica en España, siendo este un método muy válido para entender profundamente las capacidades ciberamatorias y las estrategias de seducción actuales.

PERVERSIONES CIBERESPACIALES Y TORMENTOS FÍSICOS

Como dijimos anteriormente, la depravación a la que se puede acceder a través de la red es infinita. Por una parte, hemos de pensar que en principio lo que se realizaría en el ciberespacio no son más que extrapolaciones de lo que realizamos en el mundo físico, empero la cuestión es algo más compleja. Es veraz que en el mundo físico se puede llevar a cabo un bukake y que a través de Internet los mismos pueden verse representados en salas de chat donde decenas de individuos se masturban compulsivamente desde un lado de la pantalla, mientras otr@ cumple los oscuros deseos del ente masturbatorio. No obstante, también es cierto que si la conducta vista de esta forma no se diferenciaría tanto, el factor accesibilidad hacia estos cibercarnavales eróticos son altamente diferenciales. Mientras que es relativamente más complejo o costoso en términos de tiempo y dinero acceder a una de estas prácticas en la vida física, en la vida virtual es más seguro, económico y fácil. Cómputo que conlleva a que la práctica se viralice sin problema alguno. También podemos ver el mismo símil en otras prácticas como la estimulación vibratoria a distancia, permitiendo ahora a un individuo masturbar a otro vulnerando las leyes hegemónicas del espacio-tiempo y pudiendo establecerse como objetivo a un hombre o una mujer que en la vida física estaría realmente lejos de sus posibilidades potenciales o que supongan algún aspecto que colme las fantasías más fetichistas. Podemos ver como se ha mercantilizado todo el mundo del sexo y la perversión en el ciberespacio, venta de ropa interior usada (Cabrero, 2015) o marcada de flujos menstruales (Mendelewitsch, 2015), etc. El más oscuro de los secretos, encerrado bajo encriptación compleja en el disco duro mental del cyborg, es saciable en el ciberespacio. La oferta y la demanda es tan hiperbolesca, que incluso podemos ver como aplicaciones móviles como Periscope han llegado a ser utilizadas para promocionar la prostitución o para corromper a menores sin consentimiento alguno (Ricou, 2016). El cortejo erótico-festivo ha sufrido, por ende, una revolución. Un salto interestelar que sitúa al cyborg ante una perspectiva de compra-venta de placer, de consecución de orgiásticos y utópicos deseos, donde nada está prohibido y todo es posible. Lo será en la Surface o lo será en la Darknet.

Consecuentemente, vemos como en la sociedad del riesgo (Beck, 2006) en la cual vivimos, el cyborg tiene un alto componente activo. Es un temerario en puridad que, por osadía o desconocimiento, se expone sobremanera a peligros que pueden afectar a su software y a su hardware. La instrumentalización de las aplicaciones móviles como elemento propiciador de un abuso sexual, una agresión sexual o física, unas lesiones, etc. Constituyen el futuro tormento, el especial via crucis del cyborg que debe buscar medios para que su sistema no se vea afectado por los virus. No es difícil imaginar a un grupo de homófobos utilizando Grindr para hallar la ubicación de un individuo gay y someterlo. Como tampoco lo es el uso de Happn para que una pareja celosa siga al otro miembro del binomio amoroso y termine coaccionándole o el acoso sexual a un individuo atractivo por parte de una otredad perversa y enfermiza.

PROFILÁCTICOS DE SILICIO

¿Qué antivirus es entonces el más efectivo para que el nuevo skyline cyborg no se vea afectado de virales ETS cibernéticas? ¿Cuál es pues el anticonceptivo premium? ¿El profiláctico de silicio más competitivo pasaría por controlar y regular la actividad en red? En nuestra opinión, habríamos de tomar como referencia el modelo bio-ecológico de Bronfenbrenner (Bronfenbrenner & Ceci, 1994) actuando desde las diversas esferas vitales del cyborg para conseguir una prevención realmente eficaz. Si algo ha demostrado el empirismo criminológico, es que la marea regulativa y el populismo punitivo no ofrecen beneficios fácticos a la comunidad (Calvo & Picontó, 2012), ergo habremos de educar bien al cyborg, enseñarle a ser responsable, a respetar, a establecer ciertas limitaciones, a llevar a cabo políticas criminales eficaces, etc.

Es necesario que en una familia los progenitores estén formados y actualizados en el uso de aplicaciones móviles

(RED.es, 2015), el control informal jugará un importante papel en la prevención a la victimización del infante o el adolescente (Andrés, 2011). Por otra parte, la educación ya sea a menores, adultos o ancianos ha de realizarse de forma continua, porque el dinamismo ciberespacial así lo exige (Pérez, 2016). Las políticas públicas han de adaptarse racionalmente y deben imponer el criterio rector que establezca la participación de los criminólogos a este respecto. Las políticas criminales habrán de adecuarse estableciendo tratamientos y programas sujetos a las peculiaridades del cyborg, así como ha de buscarse la generación de un capital social virtual (Fukuyama, 1995) que si bien tenga ciertos criterios en tanto a seducción, herramientas amatorias o nebulosa lúdico-sexual, también mantenga una cierta conducta ético-moral que no permita la victimización de la otredad. Todo y ello siempre que el sujeto pasivo de la victimización sea precisamente eso, un sujeto pasivo que no quiere ser victimizado, distinto caso sería el de aquél que mercantiliza precisamente ese estado.

Hemos de tener en cuenta, a su vez, que no habrá una víctima ideal (Christie, 1986) en esta fenomenología por lo que el baremo de criterios demográficos será obtuso. No obstante, se requerirá siempre los criterios genéricos del cyborg y habrá determinados factores sociodemográficos o culturales que despunten en algunos tipos de victimización más que en otros, verbigracia pertenecer al colectivo LGTB, tener un físico atractivo, ser inmigrante, etc. Por tanto, en lo referente a estos colectivos de riesgo, habrá que hacer especial énfasis en la profilaxis silícica aplicando un mayor cuidado o restricciones en tanto a privacidad, localización, etc. en dichas aplicaciones móviles.

CONCLUSIONES

El cyborg tiende a extrapolar dinámicas sociales de toda índole desde la realidad física a la virtual, colmando en ésta última las carencias o dificultades que aparecen radicalmente asociadas a la primera. Por otra parte, la optimización en tanto a facilidades y seguridad que aporta el ciberespacio es un medio del cual el cyborg saca provecho con notoriedad y ello conlleva en ocasiones a que una desviación se viralice de forma exponencial, que se desvirtúen los objetivos y finalidades de ciertas aplicaciones o que surjan nuevas formas de tormento que bien puedan darse solo en el medio virtual o bien puedan acontecer también en el medio físico. Se hace, por tanto, de imperiosa necesidad el estudio etnográfico virtual (Hine, 2000) para desentrañar los mecanismos internos de la psique y las dinámicas sociales del cyborg, tanto a nivel individual como a nivel comunitario, y poder así proceder con planes preventivos multinivel que posibiliten determinadas conductas sin ocasionar daños a terceros o atentar contra los derechos más fundamentales. Hemos de aclarar, por último, que estudiar la perversión no se traduce en el campo criminológico a la evitación de la misma, sino en la profundización de su esencia para llegar a comprender que motor las impulsa y, de esta forma, poder prevenir eficazmente aquellas que tengan consecuencias funestas para una otredad con la que no haya una relación contractual implícita o expresa.

BIBLIOGRAFÍA

• Andrés A. (2011). "Bases psicosociales en criminología". Barcelona: FUOC.

• Beck U. (2006). "La sociedad del riesgo: Hacia una nueva modernidad". Madrid: Paidós Ibérica.

- Bronfenbrenner U. & Ceci S. (1994). "Nature-nurture in development perspective: a bioecological theory". Psychological Review, nº. 101, pp. 568-586.

- Cabrero A. (2016). "Vender ropa interior usada o cómo ganar 200 euros por unas bragas". Estrella Digital. Obtenido el día 3 de Julio de 2016 en : http://www.estrelladigital.es/articulo/sociedad/ vender-ropa-interior-usada-ganar-200-euros-bragas/20160223132700273463.html

- Calvo M. & Picontó T. (2012). "Sociología Jurídica". Barcelona: FUOC.

- Christie N. (1986). "The ideal victim". En Fattah E. (ed) From Crime Policy to Victim Policy: Reorienting the Justice System. Basingstoke: Macmillan.

- Cuesta A. (2013). "Vibease, un vibrador controlable con el Smartphone". El economista versión digital. Obtenido el día 3 de Julio de 2016 en : http://www.eleconomista.es/CanalPDA/ 2013/44463/vibease-un-vibrador-controlable-con-el-telefono-movil/

- Farrés C. (2015). "Un error en Happn muestra durante horas la ubicación exacta de la comunidad, un caso paralelo al que ha vivido Grinder". Economía Digital. Obtenido el día 3 de Julio de 2016 en: http://www.economiadigital.es/es/notices/ 2015/04/las-aplicaciones-para-ligar-dejan-al-descubierto-la-intimidad-de-sus-usuarios-68889.php

- Fukuyama F. (1995). "Trust: The social virtues and the creation of prosperity". New York: The Free Press.

- Goffman E. (2001). "La presentación de la persona en la vida cotidiana". Buenos Aires: Ediciones Amorrortu.

- Haraway D. (1991). "Simians, Cyborgs and Women: The Reinvention of Nature". London: Free Association.

- Hine C. (2000). "Etnografía virtual". Barcelona: FUOC.

- Jung C.G. (2003). "Arquetipos de Inconsciente Colectivo". Barcelona: Paidós.

- Mallanaga V. (2005). "Kamasutra". Madrid: EDAF.

- Margalef A. & Silva A. (2016). "El Ciberespacio Como Medio de Control. Un nuevo concepto de Panopticón". En Servera J. (ed.) Cyborg Is Coming. Palma de Mallorca: Criminología y Justicia.

- Matza D. (2014). "Delincuencia y deriva. Cómo y por qué algunos jóvenes llegan a quebrantar la ley". Madrid: Siglo XXI.

- Mendelewitsch M. (2015). "Soy un fetichista de la menstruación". Vice. Obtenido el día 3 de Julio de 2016 en: http://www.vice.com/es/read/tengo-un-fetiche-con-la-menstruacion-657

- Pérez J.R. (2016). "We are Cyborgs: Developing and theoretical model for undersanding criminal behavior on the Internet". Huddersfield: University of Huddersfield.

- RED.es (2015). "Capacitación en materia de seguridad TIC para padres, madres, tutores y educadores de menores de edad". Madrid: Ministerio de Industria Energía y Turismo.

- Ricou J. (2016). "Las dos caras de Periscope". La Vanguardia versión digital. Obtenido el día 3 de Julio de 2016 en: http://www.lavanguardia.com/vida/20160420/401229163150/dos-caras-periscope.html

- 50 Shades of Grey (2015). Dirigida por Sam Taylor Wood. USA: Focus Features.

SOÑAR AZULES ALAS: ESTUDIO SOBRE LA CONSTRUCCIÓN DE LA IDENTIDAD POLICIAL ESPAÑOLA

JORGE RAMIRO PÉREZ. @JRAMIROPEREZ

Basado en una investigación de Jorge Ramiro Pérez, Javier Merino, Paula Arnay, Irene Bachiller, Cristina Domingo, Joaquín Gamero, Jorge García, Maddi Suárez y Carlos Mediero[1].

Agradeceros a todos el tiempo que os tomasteis en contestar a la encuesta y a la entrevista y abrir una ventana a vuestra realidad.

Dedicado a todos los hombres y mujeres que trabajan en

---

1. La investigación fue el resultado del primer Grupo de Investigación de alumnos de criminología de la Universidad Europea de Madrid. Se trata de una práctica de innovación docente multidisciplinar que incluyó alumnos de varios cursos de criminología y tuvo lugar durante un año lectivo. El grupo estuvo dirigido por el Dr. Pérez y coordinado por el alumno D. Javier Merino. A lo largo del año, los alumnos y el profesor se reunían para discutir el acercamiento, los resultados, analizar datos, tomar datos. Los alumnos tenían autonomía para realizar entrevistas, transcribirlas, participar en el diseño, difusión, codificación de la encuesta, etc. Los resultados fueron presentados en el XI Congreso Español de Criminología bajo el título *"El secreto de los Ángeles Custodios: estudio de métodos mixtos sobre cultura policial en España"* en junio 2016

46

las Fuerzas y Cuerpos de Seguridad o sueñan con hacerlo. Mi profunda admiración por vuestra vocación y entrega.

INTRODUCCIÓN

El estudio de la cultura policial y el policing posee una amplia trayectoria en países angloamericanos. Existen también centros de estudios policiales, que colaboran con investigadores, pues el fenómeno delictivo se entiende como un mosaico en el que deben participar todos los involucrados en la realidad objetiva y subjetiva del delito (ver SIPR, 2016).

En España esto no ocurre así, los cuerpos policiales (bajo el imperio de la Ley Orgánica 2/1986, de 13 marzo, de Fuerzas y Cuerpos de Seguridad, en adelante LOFCS) han proyectado una identidad opaca, presentándose como servidores del público y la sociedad pero alejados de investigadores y académicos. Sin embargo, como resultado del *"embate de las nuevas tecnologías"* (Pérez Suárez, 2016) y la intersección de la esfera cultural y bio-psico-social en el tejido sistémico y omnicomprensivo del cyborg los cuerpos policiales parecen haber sufrido una suerte de *"apertura digital"*. Desde la cuenta oficial de CNP (@policia), pasando por cuentas personales de miembros de diferentes FFCCS, vídeos de Youtube, y la proliferación de una comunidad de opositores en redes como Twitter , Facebook o Instagram han puesto de manifiesto una suerte de trisomía de identidades policiales: la meta-identidad policial (o ideología) que representaría los valores y creencias forjados por la ley y por la institución (Zizek, 2008), la proto-identidad policial como la construcción simbólica de la identidad policial por aquellos aspirantes a ser miembros de estos cuerpos. Finalmente, la que podríamos bautizar como meso-identidad policial, aquella que proyectan los miembros individuales de estos cuerpos que se intuye como una intersección entre la intra-historia de cada uno de ellos, la meta-identidad institucional y como un desarrollo de la proto-identidad.

En este estudio se tratará de presentar una comparativa de las tres identidades en la medida en que sean discernibles o formen un complejo entramado axiológico facilitado por figuras de fuerte poder totémico (Freud, 2012) y una atalaya institucional (Foucault, 2012).

La pegunta de investigación que se trata de responder es: ¿cuáles son las narrativas comunes en la construcción de la identidad policial en España? Siendo nuestro objetivo general conocer las diferencias y similitudes entre las mencionadas meta-identidad, proto-identidad y meso-identidad, junto a esto y como objetivos específicos buscamos establecer una comparativa entre los elementos de la cultura policial de Reiner (2010), acercarnos a la percepción del trabajo policial por parte de opositores y policías en activo, escuchar *"las voces"* de nuestra muestra y finalmente conocer aquellos elementos simbólicos más significativos en el trabajo policial.

IDEO-NORMATIVIDAD POLICIAL: LA CULTURA POLICIAL EN ESPAÑA Y LA LEY COMO IDEOLOGÍA

Según Reiner (2010) *"La Policía en las democracias liberales modernas afronta presiones básicas similares que forman una cultura distintiva y característica"* (p.116)[2]. Esa cultura policial sirve para dotar de sentido y congruencia a las intersecciones entre la identidad colectiva e individual de sus miembros. Se genera, según Reiner (2010), una trasmisión

---

2. police forces in modern liberal democracies do face similar basic pressures that shape a distinctive and characteristic culture

de normas formales e informales en continuo cambio y reinvención. Los elementos temáticos esenciales de esa *"cultura policial"* son:

1. Misión-Acción-Cinismo-Pesimismo
2. Sospecha
3. Aislamiento / Solidaridad
4. Conservadurismo
5. Machismo
6. Prejuicios raciales
7. Pragmatismo (Reiner, 2010, pp.118-132; también Rowe, 2010, p.102 citando Reiner, 2000)[3]

El perfil temático de la identidad del policía según estos elementos: una persona movida por un sentimiento de misión de defensa de las víctimas frente a los infractores, con una visión cínica y pesimista de la vida fruto de su trabajo, así como una tendencia al establecimiento de causalidades y suspicacias. Una persona con gusto por la acción y que disfruta del duelo delincuente/policía, encargada de gestionar la bajeza de la sociedad. Además, se trata de personas que por las particularidades de su trabajo no pueden establecer relaciones sociales adecuadas y necesitan forjar un sentimiento de hermandad con otros miembros del colectivo. Son personas políticamente conservadoras, machistas y más centradas en lo práctico y lo fáctico que en lo teórico.

Una vez definida la cultura policial y sus elementos, es necesario hablar de ideología. Indica Zizek (2008), desde una asunción marxista:

---

3. (1)Mission-action-cynicism-pessimism, (2) Suspicion, (3) Isolation/ Solidarity, (4) Conservatism, (5) Machismo, (6) Racial Prejudice, (7)Pragmatism

El propio concepto de ideología implica una suerte básica de ingenuidad fundamental: el error en la identificación de sus propias presuposiciones, de sus propias condiciones efectivas, una distancia, una divergencia, entre la así llamada realidad social y nuestra percepción distorsionada, nuestra falsa consciencia de ella. (p. 24)[4]

Junto a esto, Zizek (2008) también reflexiona sobre la idea de la relación entre la ley, la autoridad y la ideología (p. 25). Según el autor mencionado, la ideología es una fantasía social y los conceptos de autoridad y ley se basan esencialmente en la obediencia externa (obedecer porque debe hacer, porque es norma). Esta concepción ideológica de la norma (social, artificial, consensual, imperativa) encaja con la filosofía dimanante del marco normativo español en materia de regulación de la labor policial. La LOFCS reza en su artículo 5.1.a.):

> Son principios básicos de actuación de los miembros de las Fuerzas y Cuerpos de Seguridad los siguientes: Ejercer su función con absoluto respeto a la Constitución y el resto del ordenamiento jurídico.

Es por ello, que la conceptualización ideológica de la institución se centra en un fetichismo normativo que parte de la idea radical de que el derecho es justo per se. Esa misma idea se reitera en el artículo 5.1.d) que prohíbe ampararse en la obediencia debida para llevar a cabo órdenes contrarias a la constitución o al ordenamiento jurídico.

---

4. The very concept of ideology implies a kind of basic, constitutive naiveté: the misrecognition of its own presuppositions, of its own effective conditions, a distance, a divergence between so-called social reality and our distorted representation, our false consciousness of it.

UN ESTUDIO DE MÉTODOS MIXTOS

El estudio se planteó siguiendo un diseño de métodos mixtos de tipo secuencial exploratorio (Creswell, 2015). La toma de datos de tipo cualitativo antecedió a la de tipo cuantitativo, pues era necesario explorar el fenómeno y obtener un conocimiento aproximado de las diferentes realidades. En términos prácticos el estudio comenzó con una serie de entrevistas semi-estructuradas (Bryman, 2012, pp. 469-497). Se tomó la decisión de utilizar únicamente una muestra de opositores a la Policía Nacional y policías nacionales en activo. Los demás cuerpos fueron descartados por cuestiones de tiempo y acceso.

A la hora de preparar las entrevistas se eligieron una serie de temas relativos a la identidad policial, así como una serie de conceptos que invitasen a la reflexión de los entrevistados. No se realizaron preguntas cerradas, la entrevista debía fluir sin ningún tipo de duración predeterminada o constricción, adaptándose a la realidad del entrevistador/entrevistado y respetando las cuestiones éticas relativas a la investigación social[5]. Los siete elementos de la cultura policial de Reiner (2010) deberían aparecer en todas las entrevistas junto con discusiones relativas a religión, política, el bien y el mal, la actualidad social española y preguntas sobre el significado de ser un policía. Se preguntó a todos los entrevistados por los tres valores que consideraban esenciales para ser un Policía. Además de estos bloques temáticos, se decidió incluir la pregunta relativa a los animales (¿con qué animal te identificarías?), así como superhéroes debido a la preponderancia que parecían tener en manifestaciones vertidas en

---

5. En relación a esto, la elección del seudónimo se dejó a la elección del entrevistado, para tratar de explorar con mayor profundidad la proyección de su propia identidad.

redes sociales por parte de los miembros u opositores a estos cuerpos[6]. También se confrontó al entrevistado con las afirmaciones *"perros del poder"* y *"ángeles custodios"* para comprender su posición frente a la presentación dicotómica de la labor policial por parte de políticos, fuerzas sociales y medios de comunicación. La muestra se eligió en base a un muestreo no probabilístico de conveniencia y bola de nieve (Bryman, 2012, pp. 201-204).

Tabla 1. Listado de entrevistados (N=14)

Alias	Edad	Sexo	Población	Adscripción
54960	58	Hombre	Madrid	PN
Alberto	26	Hombre	Madrid	Opositor
Anfitrión	26	Hombre	Madrid	Opositor
Arcángeles	62	Hombre	"del Norte"	PN
Aroa	29	Mujer	Córdoba	Opositor
CGT	26	Hombre	Madrid	Opositor
Jesús	22	Hombre	Madrid	Opositor
Juanito	22	Hombre	Madrid	Opositor
Policía 2	32	Mujer	Lugo	PN
Policía 3	34	Mujer	Madrid	PN
McNulty	30	Hombre	Málaga	Opositor
Kick-Ass	25	Mujer	Asturias	Opositor
Nebet	29	Mujer	Alicante	Opositora
Javier	42	Hombre	Madrid	PN

Con la información obtenida en las entrevistas se diseñó la encuesta on-line (Anexo I), eligiendo aquellos valores policiales (de tipo competencial o moral) más repetidos en las entrevistas para ser valorados como escalas Likert puntuables entre 0-5. Los valores policiales que se convirtieron en variables para la encuesta fueron: cultura física, igualdad entre hombres y mujeres policías, sacrificio, disciplina, responsabilidad, profesionalidad, trabajo en equipo y patriotismo. También se volvió a utilizar la idea de ofrecer a los encuestados con la afirmación ángeles custodios. Finalmente, se introdujo un elemento inesperado que surgió de las entrevistas: *"Indique su grado de*

---

6. Finalmente, dada la complejidad que generaba, la variable superhéroes quedó fuera del análisis.

acuerdo con la siguiente afirmación: Los coches patrulla debe-rían estar formados por hombres o por hombres y mujeres, pero no solo por mujeres." como un indicador de machismo. Ade-más, se incluyeron preguntas demográficas como sexo, edad, adscripción (policía u opositor) y preguntas de posi-cionamiento religioso y político. La encuesta se distri-buyó a través de redes sociales con todas aquellas ampli-tudes e inconvenientes de este tipo de instrumento (Hoo-ley, Wellens y Marriott, 2012). También se incluyeron las preguntas relativas a animales y a superhéroes. Final-mente, se introdujo una pregunta abierta en la encuesta: *"Por último, para usted, ¿qué es ser policía?"*. Después de dife-rentes recodificaciones se trabajó en SPSS con 20 varia-bles.

En el diseño del estudio de métodos mixtos, no se otorgó ninguna jerarquía (dar más valor) entre la faceta cuanti-tativa y la cualitativa, más que la que indica la secuencia temporal. Es por ello que el análisis se presentará de forma integrada y convergente. Si bien es cierto que se requirió de un pre-análisis de las entrevista para poder diseñar la encuesta. Indicar que la encuesta no se trató de un instrumento cuantitativo en puridad (no solamente porque recoge respuestas abiertas) sino porque está más orientada a recoger realidades puramente subjetivas. Según Bryman (2012), la división entre cuantitativo y cualitativo puede resultar maniquea (pp. 614-625) lo que facilitó la integración epistemológica de ambos elementos (Creswell, 2011; Creswell, 2015).

Indicar que se obtuvo N=1.035, siendo un 82,4 % oposi-tores y 17, 4 % policías en activo. En cuanto a sexos 74,7 % hombres y 24 % mujeres. Sobre sus creencias políticas: un 17,3 % se considera indiferente, un 22, 5 % participa-tivo y un 56,7 % interesado. Por otra parte, en cuanto al aspecto religioso: un 42, 3% se declara no creyente, un 48, 1 % creyente no practicante y un 8,7 % creyente practicante. La media de edad es de 27,06 años.

RESULTADOS Y DISCUSIÓN

Animales policiales

En cuanto a animales, se creó una variable específica que recogiese los seis animales más frecuentes y aglutinase los demás en la categoría otros (Figura 1).

Figura 1. Frecuencia de animales más escogidos

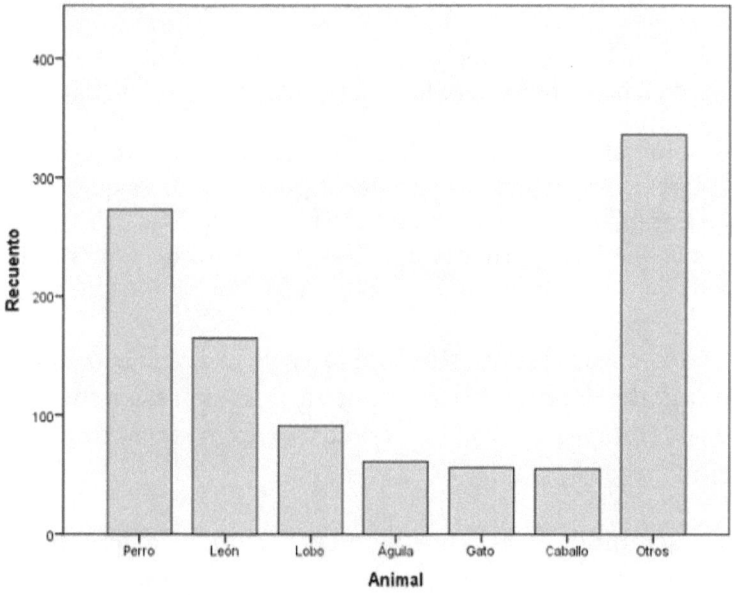

El perro se sitúa en el puesto primero como animal más escogido (seguido de león y lobo). Podría teorizarse que desde un punto de vista proyectivo, estos animales representan características socialmente deseables como la nobleza o la fuerza.

La lectura primaria que cabría dar a estos animales sería la proyectiva ya que se plantea ¿con qué animal te identificarías? En los siguientes extractos, algunos entrevistados hablan de su elección de animales (guepardo y leones):

[sobre el guepardo]Yo siempre he sido muy de felinos, me parece que la velocidad, estar todo el día tirado y ponerse a 105. (Alberto, opositor)

[sobre el león] Pues relacionado con este tema, pues eso, por el coraje, la perseverancia, la fuerza y el valor. (McNulty, opositor)

Porque el león, como dice, es el rey de la selva y es el que más o menos establece los límites. (Arcángeles, policía)

[sobre el león] A pesar de ser un animal que se considera agresivo realmente es uno de los pocos animales que ataca pensando, solo ataca cuando tiene la necesidad... Yo creo que en cierta parte soy así. (Nebet, opositora, énfasis añadido)

En los casos de Alberto, McNulty y Arcángeles (usados a modo de ejemplo) no se explicita si se expresa a modo de desiderata, en el caso de Nebet sí se expresa la identificación con las cualidades presentadas.

En segundo lugar, una lectura totémica la que podría arrojar sobre el significado de estos animales[7]. Según Freud (2012, p.3) el tótem es esencialmente un animal que sirve para aglutinar a la tribu. El tótem sirve como protector y guía y es reverenciado en actos tribales colectivos.

---

7. Debe mencionarse también que muchos de los encuestados pertenecen a unidades policiales que utilizan animales como parte de su imaginería.

Lo relevante de esta visión psico-antropologica reside en los vínculos fraternales que se forjan entre todos aquellos unidos por el tótem, más allá de las fronteras del tiempo y del espacio y que mucho tiene con elementos de la cultura policial de Reiner (2010) como aislamiento/solidaridad. A pesar de ello, la imagen de clan policial no debería haberse formado en toda su profundidad en opositores. Si bien, en base a la idea de *"proto-identiad policial"* ya mencionada, podríamos hablar de una conexión aspiracional. Hemos mencionado proyección, a contrario sensu, Jung (2009) pone de manifiesto los *"actos de introyección"* (p.45) (no desde la psique hasta el exterior, sino del exterior a la psique) al hablar de inconsciente colectivo y arquetipos. Vaticina el autor que *"descubriremos que las cosas más valiosas y elevadas ya han sido dichas hace mucho en el lenguaje más bello"* (Jung, 2009, p. 29). Es decir, todas las vivencias simbólicas de la humanidad ya han ocurrido y volverán a ocurrir a través de manifestaciones icónicas recurrentes. La *"cultura policial"* parece, de algún modo, crear un "inconsciente colectivo policial" con un amplio catálogo de imágenes, artefactos y lenguajes.

Valores policiales

Los valores policiales tratados como variables en la encuesta parecen formar un constructo axiológico coherente. Lo cual queda reflejado en el alto valor de las correlaciones (Anexo II: Tabla 3) entre las variables. A modo de ejemplo, disciplina y sacrificio tienen una correlación muy alta ($r=0,51$; $p<0,01$) del mismo modo que trabajo en equipo y profesionalidad ($r=0,60$; $p<0,01$). Las variables que menos correlacionan de manera significativa con otras variables son las relativas a la igualdad de hombres y mujeres policías y a la presencia de mujeres policías en coches.

Las medias de las escalas que reflejan los valores policiales son las siguientes (Tabla 2)

Tabla 2. Estadísticas descriptivas de valores policiales

	Media (importancia o grado de acuerdo, Max=5)	Desviación Típica
Cultura física	3,96	0,85
Igualdad	4,31	1,09
Sacrificio	4,49	0,86
Disciplina	4,60	0,70
Responsabilidad	4,65	0,63
Profesionalidad	4,75	0,64
Trabajo en equipo	4,77	0,56
Patriotismo	3,16	1,30
Machismo	2,05	1,83
Ángeles custodios	4,02	1,13

Analizando las estadísticas descriptivas (Tabla 2) podemos mencionar que, para la muestra, la variable más valorada es la importancia del trabajo en equipo (M=4,77), seguido de profesionalidad (M=4,75). Contrariamente a lo inicialmente esperado, el patriotismo es valorado de manera inferior al resto (M= 3, 16) y la cultura física tampoco alcanza puntuaciones tan altas (M=3,96). Las valoraciones del trabajo en equipo, la profesionalidad y la disciplina parecen estar alineadas con la visión totémica (clan) y con lo referente a al elemento de aislamiento/solidaridad de la "cultura policial".

La pregunta: *"Indique su grado de acuerdo con la siguiente afirmación: Los coches patrulla deberían estar formados por hombres o por hombres y mujeres, pero no solo por mujeres"* (con la que los encuestados están muy poco de acuerdo, M=2,05) surge de la primera entrevista realizada:

> Por ejemplo, es obligatorio, no creo que la palabra sea obligatorio pero casi una orden, dos mujeres no pueden ir juntas en un Z [vehículo policial] .Tiene que ir un hombre y una mujer o dos hombres. (McNulty, opositor)

Esta afirmación resultó tan llamativa que, dada la naturaleza exploratoria y semi-estructurada de las entrevistas se acabó preguntando a todos los entrevistados y posteriormente se añadió como una variable de escala en la encuesta.

Una mujer policía entrevistada, después de sorprenderse ante lo anteriormente manifestado, añade:

> Pues me parece una tontería, porque al final el Z, lo que más hace son intervenciones que se resuelven todo hablando y simplemente con la presencia policial ya está. Entonces, lo considero algo machista. (Policía 2, policía)

Por otra parte, en relación con la cultura física, las entrevistas parecen tejer una cosmovisión:

> No, el culto al cuerpo no tiene que ver con la policía, el culto al cuerpo parece que lo llevan los jóvenes en sí, en su idiosincrasia; los policías jóvenes tienen que estar preparados porque tienen que estar todos los días pegando contra adversidades... (54960, policía)

Se podría comparar, a modo de ejemplo, con lo indicado por un opositor varón de veintiséis años:

> Hago deporte a diario. Porque a diario voy al gimnasio, a diario salgo...a correr... (Anfitrión, opositor)

Pero es cierto que, no tienen que ser cuerpos esculturales [los policías], pero sí que por lo menos estar en forma, un mínimo de condición física sí que creo que hay que tener. (Anfitrión, opositor)

Se suscita una reflexión necesaria sobre la *"anatomía política"* y *"la mecánica del poder"* (Foucault, 2012, p. 160). El policía, como agente del control social, que ejerce su poder sobre el cuerpo y a través del cuerpo (por ejemplo, una detención o una persecución que supone un sometimiento físico). Del mismo modo, el cuerpo del propio policía debe estar preparado para ejercer ese sometimiento o canalizar el poder de la institución. Para ello, el opositor, debe sufrir una serie de alteraciones físicas. Es aquí donde la alta valoración de la disciplina podría entenderse desde la perspectiva del *"cuerpo dócil"*.

Segunda mitad del siglo XVIII: el soldado se ha convertido en algo que se fabrica; de una pasta informe, de un cuerpo inepto, se ha hecho la máquina que se solicitaba... una coacción calculada recorre cada parte de su cuerpo... (Foucault, 2012, p. 157)

Profundizando más en esta idea (y partiendo de las palabras de 54960) tal vez no sea una exigencia de la Institución, sino del propio tejido moral de la sociedad en el que la fabricación del cuerpo se exige a los jóvenes como una necesidad cultural. De este modo, los jóvenes (policías o no) se convierten en agente y producto, en consumidor y consumidos de sí mismo y de otros (Bauman, 2000; Lipovetsky, 2005).

Realizando pruebas T para comparar las medias de las variables de valores policiales entre sexos y entre adscripciones (es decir, diferencias en la valoración por parte de opositores y policías) descubrimos lo siguiente:

1. Entre sexos son únicamente significativas las diferencias entre las medias de las valoraciones de igualdad [t (1.016)=- 7, 78, p<0,001], machismo [t (1.014)= 2,10, p<0,05] y disciplina [t (1.014) = -2,28, p<0,05]. Las mujeres creen más (siendo la diferencia significativa) en la igualdad de las mujeres en el cuerpo policial [M Hombres = 4,16, n= 771 ; M Mujeres = 4, 76, n =247], creen más en el valor de la disciplina [M Hombres = 4,57, n= 770 ; M Mujeres = 4, 68, n =246] y están menos de acuerdo con la afirmación relativa a que dos mujeres no deberían estar nunca solas en un coche patrulla [M Hombres = 2,12, n= 769 ; M Mujeres = 1,85, n = 247]. Por lo demás, las valoraciones de hombres y mujeres son altamente similares.

2. Entre adscripciones (policías y opositores) todas las diferencias de medias son significativas con las excepciones de las relativas a estar de acuerdo con la afirmación sobre los ángeles custodios y la importancia del patriotismo. Esta diferencia se manifiesta dado que los opositores tienden a puntuar más alto todos los valores policiales. Las diferencias más llamativa resultan las relativas a disciplina [t (1.026)= 10,82, p<0,001; M Opositores = 4, 70, n= 849; Media Policías = 4,11, n= 179], seguida de sacrificio [t (1.027) = 8, 90, p<0,001; M Opositores = 4, 59, n= 850 ; Media Policías = 3, 99, n= 179] y de profesionalidad [t (1.025) = 8,20, p<0,001; M Opositores = 4, 82, n= 849 ; Media Policías = 4,40, n= 178].

Nótese como en ambos casos las muestras están algo des-equilibradas (Field, 2009), pues el número de opositores es mucho mayor que el de policías y el número de hombres mucho mayor que el de mujeres[8].

En cuanto a las comparativas de medias entre las variables politómicas religión y posicionamiento político podemos mencionar lo siguiente:

1. En lo relativo a la religión, encontramos diferencias significativas en las medias de cultura física, igualdad, sacrificio, profesionalidad, trabajo en equipo y patriotismo. En patriotismo [$F_{(2, 1017)} = 27, 65, p<0,001$] es el grupo de creyentes practicantes el que valora más la importancia del patriotismo. En los demás valores policiales esta situación cambia[9].

2. En lo relativo a posicionamiento político, únicamente el valor policial cultura física [$F_{(2, 993)} = 4, 20, p<0,05$] presenta diferencias significativas, siendo valorado más alto por los encuestados políticamente participativos. No existen datos para teorizar las razones detrás de estos resultados.

A modo de conclusión, los opositores parecen tener una visión más sublime y romantizada de la labor policial. Las mujeres, por otra parte son más tendentes a otorgar mayor importancia a la igualdad entre hombres y mujeres dentro del cuerpo. Además, el hecho de encomendarse a una teología o no, no influye en la valoración de la importancia de los valores policiales. Estos resultados plantean

8. Debido a la diferencia de varianzas de las muestras y el desequilibrio de tamaño se llevaron a cabo pruebas T de Welch llegando a las mismas conclusiones.

9. Por motivos de espacio no se reproducen en el cuerpo del texto los datos mencionados.

un debate necesario sobre la retroalimentación existente entre la moral, el derecho, la religión y el poder. Ello no quiere decir que, a modo de ejemplo, los encuestados creyentes[10] tengan una valoración más bondadosa del trabajo policial, sino que ambos sistemas de valores (el religioso/no religioso y el policial) parecen mantener algún tipo de relación.

En cuanto a la política, se encuentran en las entrevistas reflexiones sobre la situación actual plagadas de desencanto sobre la política y sus actores por parte de los opositores *"de todos los que hay ahora ninguno me da la suficiente confianza para votarles"* (Alberto, opositor), McNulty (opositor) afirma su interés y curiosidad por los partidos emergentes:

> Quizá Podemos ilusionó más y después, a mí personalmente, me ha ido desilusionando un poco, quizá ha sido un partido muy de izquierdas y un poco controvertido con algunas historias. Ilusionaba en cuanto a la caña que le daba a la casta política pero quizá me ha tocado más la fibra por el tema policial

En una línea similar:

> Pero sí que es verdad que se ha notado cómo se está llevando ahora un periodo de cambio en el cual se está viendo que la vieja política que existía antes del amiguismo, del caciquismo y que despiertan esos valores tan casposos pues actualmente se están destruyendo esos muros para venir gente nueva y al parecer aportar nueva política. (Juanito, opositor).

Sin embargo, la visión de los policías difiere *"lo que es*

---

10. Volver a manifestar que en ningún momento se especifica alguna religión en concreto.

en política yo creo que la Policía no tiene por qué tener una identidad política" (Arcángeles, policía), *"de política por mi profesión me abstengo"* (54950, policía). Recordemos que el artículo 5.1.b) de la LOFCS exige imparcialidad política.

Es menester manifestar como la información parece contradecir el elemento relativo al conservadurismo político del que habla Reiner (2010). Por una parte, los datos de la encuesta no establecen patrones o relaciones en lo relativo a estos posicionamientos. Junto a esto, de las entrevistas parece desprenderse un descontento político generalizado entre los opositores y una imparcialidad ex lege por parte de los policías.

Otra reflexión fundamental que debe hacerse es la posible existencia de un sesgo de deseabilidad social (Fisher, 1993). Es decir, que los entrevistados y encuestados contesten (por ejemplo en materia de sexismo o política) aquellas cuestiones que se estimen como socialmente correctas o las aprendidas a través de su formación policial.

Vida policial

De algún modo u otro todos los elementos anteriores convergen en grandes temas que estructuran y dota a la identidad colectiva formada bien sea una cultura, una idea totémica, un arquetipo, una ideología o una manifestación del poder/bio-poder.

Una vez se analizan en conjunto las entrevistas y las respuestas abiertas de la encuesta (*"¿qué es ser policía?"*) se pueden encontrar cuatro temas sobre el trabajo policial y la ontología policial.

El sueño azul

Este tema solamente aplica a los opositores, que entienden el trabajo policial como un sueño, una aspiración que da sentido a sus vidas y que justifica toda una serie de sacrificios que suponen:

1. Aislamiento social
2. Aislamiento familiar
3. Rutina de trabajo constringente

La vida del opositor queda reducida a estudiar y entrenar. Sin embargo, la recompensa es mucho mayor que el esfuerzo ya que el trabajo policial representa un entramado de valores sublimes y trascendentes:

> Tener unos principios elevados sobre el bien, el honor, la integridad, el sacrificio,... Y actuar conforme a ellos. Ser la tranquilidad y el muro que protege al ciudadano, aunque el ciudadano no lo sepa (Respuesta anónima 7, opositor)

> Sería un sueño. Saber que puedes ejercer la profesión con la que llevas soñando mucho tiempo es la mayor alegría que se puede tener. Trabajar con pasión y entusiasmo es lo mejor que te puede ocurrir, puesto que tu trabajo se convierte en diversión. (Respuesta anónima 11, opositor)

Un trabajo como otro cualquiera

En este caso, el trabajo policial es comprendido como un trabajo que proporciona un sustento necesario o una estabilidad económica. No puede demostrarse que se trate de una visión desencantada o cínica, ni que suponga una concepción de los valores y la *"cultura policial"* menos taumatúrgica que la que se expondrá en el punto apartado siguiente:

14 pagas (Respuesta anónima 188, policía)

Un trabajo (Respuesta anónima 375, opositor)

Con estabilidad por haber encontrado el trabajo y sobre todo que yo creo que siendo funcionario y siendo policía se puede compaginar muy bien con lo que quieras hacer después (Anfitrión, opositor)

Este tipo de aseveraciones parece encajar más con el elemento pragmático de la "cultura policial" de Reiner (2010) que con el relativo al cinismo y el pesimismo.

Una forma de vida

En este caso el tema parece hacer referencia al elemento misión de Reiner (2010): una misión que supone la defensa de la víctima y la lucha por el restablecimiento del control social. En este caso, puede observarse como la mitificación de la actividad policial (más presente en opositores, como viene mencionándose) alcanza un humanismo hondo y ferviente. Aunque existe en algunos un componente de cinismo, la entrega al ciudadano y el acercamiento mítico a la misión parecen justificar esos momentos agrios o amargos. En definitiva ser un policía se construye como un alejamiento (trágico aunque épico) de la *"mera humanidad"* ya que requiere unas características morales muy determinadas. También aparece en algunos casos, la idea del héroe moderno o la del superhéroe de carne y hueso:

Vivimos los peores o mejores 20 minutos de una persona, aunque en realidad más los peores... (Respuesta anónima 754, policía)

Es ser muchas cosas en una sola, saber de todo un poco. Ser comprensivo aunque no lo seas, saber escuchar y no decir la mayoria de las veces lo que piensas. Hacer tu trabajo porque te gusta y no porque te vayan agredecer algo, es tu trabajo y la mayoria de las veces no te van a dar ni las gracias. Todo lo contrario a veces ayudas y encima sales como si fueras el mismísimo demonio. En fin ser Policía es simplemente eso, serlo... El que trabaja en esto lo entiende (sic). (Respuesta anónima 1020, policía)

Un orgullo a disposición de muy pocos, héroes del siglo XXI (Respuesta anónima 239, opositor)

El abismo de asfalto (cinismo urbano)

Existe otra visión del trabajo policial más áspera y pesimista, aquella que también entiende la existencia de una lucha continuada contra el delincuente. El policía conoce la realidad social y urbana y esa percepción puede convertirse en fangosa. Es aquí donde también aparecen varias referencias a la pugna del bien contra el mal y el policía como un agente al servicio del bien en defensa de aquellos oprimidos o mancillados por el delito. Es menester mencionar como en la jerga policial a los delincuentes se les suele denominar *"los malos"*:

Perro pastor (Respuesta anónima 1032, policía)

Un perro pastor; que permanece olvidado hasta que aparece el lobo (Respuesta anónima 72, opositor)

El barrendero de la sociedad (Respuesta anónima 209, policía)

Ser el malo para el delincuente y la esperanza para el necesitado (Respuesta anónima 461, opositor).

Es en este apartado donde queda muy patente el elemento de sospecha relativo a la *"cultura policial"* de Reiner (2010), así como el referente al cinismo y el pesimismo.

CONCLUSIONES

Una vez analizados los datos dimanantes de los instrumentos cuantitativos y cualitativos podemos llegar a la conclusión de que sí existe una *"cultura policial"* en España. A pesar de ello, esa cultura es una polifonía o una heteroglosia puesto que no es posible establecer con claridad sus elementos constituyentes. Existen amplias similitudes con los siete elementos temáticos de la *"cultura policial"*. Parece existir un machismo soterrado, aunque no explícito. Del mismo modo queda patente la existencia de una misión policial, y de una lucha activa contra el mal y la delincuencia. La idea de solidaridad y aislamiento sí parece ser recurrente. La *"cultura policial"* ofrece coherencia y congruencia a la identidad colectiva policial que puede establecerse a través de figuras totémicas (animales). El policía (el opositor en muchos casos) sacrifica parte de su identidad (familiar, personal, etc.) para la realización de su misión, en la mayoría de los casos también debe transformar su cuerpo. En ese momento se forma parte de una totalidad, un holismo que exige una matriz de valores muy determinada para cohesionar.

Es aquí donde se encuentra la clave de este estudio, puesto que de nuevo se debe volver a la idea de *"meta-identidad policial"*, *"proto-identidad policial"* y *"meso-identidad policial"*. La institución, a través de la ley, exige un catálogo de valores determinados muy precisos, así como de actuaciones. El poder de la Institución se ejerce sobre la sociedad y también sobre sus miembros, a través de la *"anatomía política"* y *"la mecánica del poder"* y del fetichismo normativo. Sin embargo, en la heteroglosia de la *"cultura policial"* aquí referenciada la *"proto-identidad"* parece utilizar una hermenéutica diferente a la de la *"meso-identidad"*. Es decir, los opositores construyen su identidad como futuros policías de manera diferente a como la construyen los propios policías. Cabría preguntarse si la institución atrae a sujetos con una determinada axiología o la institución fabrica esa ideología en los sujetos. O una retroalimentación entre ambos. Estamos, al parecer, ante tres culturas *"policiales diferentes"* absolutamente interconectadas.

En cuanto a las limitaciones y amplitudes, destacar como amplitudes del estudio la utilización de métodos mixtos que ha permitido profundizar más en la pregunta de investigación y diseñar la encuesta con mayor precisión. El tamaño muestral de la encuesta on-line ha sido inesperadamente grande.

En cuanto a las limitaciones, destacar el sobredimensionamiento de opositores frente a policías que ha generado que la mayor parte del estudio sea relativa a la construcción de la identidad policial en opositores a policía. En algunos casos, ese sobredimensionamiento ha generado ciertos problemas a la hora de realizar tests estadísticos (ya mencionados). Finalmente, las preguntas relativas a política y religión en la encuesta on-line eran ambiguas y pueden haber afectado a la fiabilidad y validez del estudio. Habría que asumir también la posible existencia de un sesgo de deseabilidad social.

Con respecto a las líneas de investigación futuras, resultaría esclarecedor obtener más información acerca de policías en activo así como realizar comparativas entre diferentes unidades y otros cuerpos (como la Guardia Civil). También sería necesario realizar estudios sobre la comunicación policial y la retórica del poder para desgranar el discurso institucional siempre desde un punto de vista crítico. Una lectura sobre género y masculinidad también resultaría esclarecedora.

68

REFERENCIAS BIBLIOGRÁFICAS

- Bauman, Z. (2000). Liquid modernity (1st ed.). Oxford: Polity.

- Bryman, A. (2012). Social research methods (4th ed.). Oxford: Oxford University Press.

- Creswell, J. W. (2011). Controversies in mixed methods research. In N. K. Denzin, & Y. S. Lincoln (Eds.), The Sage handbook of qualitative research (4th ed., pp. 269-283). Thousand Oaks: Sage.

- Creswell, J. W. (2015). A concise introduction to mixed methods research. London: Sage.

- Field, A. P. (2009). Discovering statistics using SPSS: And sex and drugs and rock 'n' roll (3rd ed.). Los Angeles, [Calif.]; London: SAGE.

- Fisher, R. J. (1993). Social desirability bias and the validity of indirect questioning. Journal of Consumer Research, 20(2), 303-315. doi:10.1086/209351

- Foucault, M. (2012). Vigilar y castigar (1st ed.). Madrid: Biblioteca Nueva.

- Freud, S. (2012). Totem and taboo. Acheron Press.

- Hooley, T., Wellens, J., & Marriott, J. (2012). What is online research?. London: Bloomsbury Publishing.

- Jung, C. G. (2009). Arquetipos e inconsciente colectivo (1st ed.). Barcelona: Paidós.

- Lipovetsky, G., & Charles, S. (2005). Hypermodern times. Cambridge: Polity.

- Pérez Suárez, J. R. (2016). Prólogo II: En defensa de una crminología cyborg. In J. Servera (Ed.), Cyborg is coming (1st ed., pp. xii-xxiii). Palma de Mallorca: Criminología y Justicia.

- Reiner, R. (2010). The politics of the police (4th ed.). Oxford: Oxford University Press. Retrieved from

- Rowe, M. (2008). Introduction to policing. London: SAGE.

- SIPR. (2016). Scottish institute for police research. Retrieved from http://www.sipr.ac.uk/

- Zizek, S. (2008). The sublime object of ideology (the essential zizek). London: Verso.

ANEXOS

Encuesta on-line (Anexo I)

ENCUESTA A POLICÍAS Y OPOSITORES A POLICÍA EN ACTIVO

Estimado encuestado/a:

Somos el Grupo de Investigación de Alumnos del Grado en Criminología de la Universidad Europea de Madrid (www.uem.es), que está llevando a cabo un proyecto de investigación. Nuestro trabajo versa sobre la percepción del trabajo policial y nos ayudaría mucho su participación como Policía Nacional u opositor a la Policía Nacional. Si usted es Policía Nacional u opositor a Policía Nacional (nos interesa que esté preparando oposiciones de manera activa, independientemente de que se haya presentado, el número de veces que se ha presentado o que esté matriculado/a en alguna academia) le invitamos a participar en esta encuesta sobre su profesión.

Le rogamos que conteste de manera absolutamente sincera, no hay respuestas buenas o malas, nada es correcto o incorrecto, pues se trata de su visión; nos interesa su valiosa opinión. Está ante una encuesta anónima y confidencial, la información será tratada de manera estadística con finalidades puramente académicas (para la realización de una investigación social y su presentación en jornadas y seminarios) y no necesitamos ningún dato personal que pueda identificarle. La información se almacena en una hoja de cálculo que nos permite trazar el origen de las respuestas y será tratada de manera exclusiva por el grupo de investigación.

En el momento en que pulse el botón enviar, autoriza el tratamiento de estos datos de manera confidencial. Si en algún momento se siente incómodo, puede salir de la encuesta sin contestar. Sin embargo, le invitamos a que conteste a todas las preguntas.

También le invitamos a que comparta la encuesta una vez finalizada con cualesquiera personas que puedan cumplir los requisitos ya mencionados.

Si tiene alguna duda póngase en contacto con el Director del Proyecto de Investigación :

Dr. Jorge Ramiro Pérez Suárez

jorgeramiro.perez@universidadeuropea.es

@jramiroperez

ó

El Coordinador del Proyecto:

Javier Merino Prados

javimerino94@hotmail.com

¡No le llevará más de diez minutos realizarla!

Un cordial saludo

*Obligatorio

1. **Acepto realizar la encuesta** *
   Selecciona todos los que correspondan.

   ☐ Marque esta casilla para continuar

Primero, unas preguntas sobre usted

2 **Sexo**
Selecciona todos los que correspondan

☐ Masculino

☐ Femenino

3 **Edad**

_____

4 **Usted es:** *
Selecciona todos los que correspondan

☐ Opositor a Policía Nacional

☐ Miembro de Policía Nacional

Preguntas sobre percepciones del trabajo policial (parte 1)

Por favor, conteste de manera sincera y a todas las preguntas. Recuerde que se trata de una encuesta a opositores a Policía Nacional y a miembros de la Policía Nacional de manera exclusiva

5 **1.1. ¿Con qué animal se identificaría?**

_____

6 **1.2. ¿Con qué superhéroe se identificaría?**
Selecciona todos los que correspondan

☐ No me identificaría con ninguno

☐ Otro: _____

7 **1.3. ¿Cómo se definiría religiosamente?**
Selecciona todos los que correspondan

☐ Creyente-practicante (de cualquier religión)

☐ Creyente-no practicante (de cualquier religión)

☐ No creyente

8 **1.4. ¿Cómo se identificaría políticamente?**
Selecciona todos los que correspondan

☐ Indiferente

☐ Participativo

☐ Interesado

Preguntas sobre percepciones del trabajo policial (parte 2)

Por favor, conteste a las siguientes preguntas siempre desde su percepción personal y con la máxima sinceridad posible.

9 **2.1. ¿Qué importancia cree que tiene la cultura física (fuerza, resistencia, velocidad, agilidad, etc.) dentro del cuerpo policial?**
Marca solo un óvalo.

	0	1	2	3	4	5	
Ninguna importancia	◯	◯	◯	◯	◯	◯	Máxima importancia

72

2. **Sexo**
Selecciona todos los que correspondan

☐ Masculino

☐ Femenino

3. **Edad**

4. **Usted es:** *
Selecciona todos los que correspondan

☐ Opositor a Policía Nacional

☐ Miembro de Policía Nacional

Preguntas sobre percepciones del trabajo policial (parte 1)

Por favor, conteste de manera sincera y a todas las preguntas. Recuerde que se trata de una encuesta a opositores a Policía Nacional y a miembros de la Policía Nacional de manera exclusiva

5. **1.1. ¿Con qué animal se identificaría?**

6. **1.2. ¿Con qué superhéroe se identificaría?**
Selecciona todos los que correspondan

☐ No me identificaría con ninguno

☐ Otro:

7. **1.3. ¿Cómo se definiría religiosamente?**
Selecciona todos los que correspondan

☐ Creyente-practicante (de cualquier religión)

☐ Creyente-no practicante (de cualquier religión)

☐ No creyente

8. **1.4. ¿Cómo se identificaría políticamente?**

10. **2.2. Indique su grado de acuerdo con la siguiente afirmación: "Los hombres y las mujeres son igual de aptos para el desarrollo de la labor policial"**
Marca solo un óvalo.

	0	1	2	3	4	5	
Absoluto desacuerdo	◯	◯	◯	◯	◯	◯	Absoluto acuerdo

11. **2.3. ¿Qué importancia tiene el valor del sacrificio dentro del cuerpo policial?**
Marca solo un óvalo.

	0	1	2	3	4	5	
Ninguna importancia	◯	◯	◯	◯	◯	◯	Máxima importancia

12. **2.4. ¿Qué importancia tiene el valor de la disciplina dentro del cuerpo policial?**
Marca solo un óvalo.

17. **2.9. Indique su grado de acuerdo con la siguiente afirmación: Los coches patrulla deberían estar formados por hombres o por hombres y mujeres, pero no solo por mujeres.**

Marca solo un óvalo.

	0	1	2	3	4	5	
Nada de acuerdo	◯	◯	◯	◯	◯	◯	Absoluto acuerdo

18. **2.10. Indique su grado de acuerdo con la siguiente afirmación: Los policías son los "ángeles custodios" de la sociedad.**

Marca solo un óvalo.

	0	1	2	3	4	5	
Nada de acuerdo	◯	◯	◯	◯	◯	◯	Absoluto acuerdo

19. **2.11. Por último, para usted, ¿qué es ser policía?**

Pregunta abierta: conteste todo aquello que estime oportuno, sin límite de tiempo o longitud

_____

_____

_____

_____

_____

¡Muchas gracias por su colaboración!
Ya ha terminado la encuesta. ¡No dude en compartirla!

Con la tecnología de
Google Forms

CORRELACIONES (ANEXO II)

Tabla 3. Correlaciones entre valores policiales

Correlaciones

		2.1 ¿Qué importancia cree que tiene la cultura física (fuerza, resistencia, velocidad, agilidad, etc.) dentro del cuerpo policial?	2.2 Indique su grado de acuerdo con la siguiente afirmación. "Los hombres y las mujeres son igual de aptos para el desarrollo de la labor policial"	2.3 ¿Qué importancia tiene el valor del sacrificio dentro del cuerpo policial?	2.4 ¿Qué importancia tiene el valor de la disciplina dentro del cuerpo policial?	2.5 ¿Qué importancia tiene el valor de la responsabilidad (por ejemplo, en el estilo de vida, constancia, autocontrol, etc.) dentro y fuera del cuerpo policial?	2.6 ¿Qué importancia tiene el valor de la profesionalidad dentro del cuerpo policial?	2.7 ¿Qué importancia tiene el valor del trabajo en equipo dentro del cuerpo policial?	2.8 ¿Qué importancia tiene el valor de patriotismo dentro del cuerpo policial?	2.9 Indique su grado de acuerdo con la siguiente afirmación. Los coches patrulla deberían estar formados por hombres y mujeres, pero no solo por mujeres.	2.10 Indique su grado de acuerdo con la siguiente afirmación. Los policías son los "ángeles custodios" de la sociedad.
2.1 ¿Qué importancia cree que tiene la cultura física (fuerza, resistencia, velocidad, agilidad, etc.) dentro del cuerpo policial?	Correlación de Pearson	1	,119*	,279**	,245**	,168**	,178**	,209**	,160**	,050	,185**
	Sig. (bilateral)		,000	,000	,000	,000	,000	,000	,000	,107	,000
	N	1030	1030	1029	1029	1030	1027	1027	1025	1028	1028
2.2 Indique su grado de acuerdo con la siguiente afirmación: "Los hombres y las mujeres son igual de aptos para el desarrollo de la labor policial"	Correlación de Pearson	,119*	1	,289**	,237**	,219**	,230**	,203**	-,006	-,350**	,039
	Sig. (bilateral)	,000		,000	,000	,000	,000	,000	,850	,000	,213
	N	1030	1032	1031	1030	1032	1029	1029	1027	1030	1030
2.3 ¿Qué importancia tiene el valor del sacrificio dentro del cuerpo policial?	Correlación de Pearson	,279**	,289**	1	,508**	,417**	,491**	,472**	,124	-,063	,295**
	Sig. (bilateral)	,000	,000		,000	,000	,000	,000	,000	,042	,000
	N	1029	1031	1031	1029	1031	1028	1029	1026	1029	1029
2.4 ¿Qué importancia tiene el valor de la disciplina dentro del cuerpo policial?	Correlación de Pearson	,245**	,237**	,508**	1	,441**	,495**	,417**	,203**	-,037	,256**
	Sig. (bilateral)	,000	,000	,000		,000	,000	,000	,000	,230	,000
	N	1029	1030	1029	1030	1030	1027	1027	1026	1028	1029
2.5 ¿Qué importancia tiene el valor de la responsabilidad (por ejemplo, en el estilo de vida, constancia, autocontrol, etc.) dentro y fuera del cuerpo policial?	Correlación de Pearson	,168**	,219**	,417**	,441**	1	,433**	,292**	,096**	-,006	,216**
	Sig. (bilateral)	,000	,000	,000	,000		,000	,000	,002	,836	,000
	N	1030	1032	1031	1030	1032	1029	1029	1027	1030	1030
2.6 ¿Qué importancia tiene el valor de la profesionalidad dentro del cuerpo policial?	Correlación de Pearson	,178**	,230**	,491**	,495**	,433**	1	,597**	,153**	,010	,253**
	Sig. (bilateral)	,000	,000	,000	,000	,000		,000	,000	,747	,000
	N	1027	1029	1028	1027	1029	1029	1026	1025	1027	1027
2.7 ¿Qué importancia tiene el valor del trabajo en equipo dentro del cuerpo policial?	Correlación de Pearson	,209**	,203**	,472**	,417**	,292**	,597**	1	,164**	-,008	,288**
	Sig. (bilateral)	,000	,000	,000	,000	,000	,000		,000	,807	,000
	N	1027	1029	1029	1027	1029	1026	1029	1024	1029	1027
2.8 ¿Qué importancia tiene el valor de patriotismo dentro del cuerpo policial?	Correlación de Pearson	,160**	-,006	,124	,203**	,096**	,153**	,164**	1	,139**	,201**
	Sig. (bilateral)	,000	,850	,000	,000	,002	,000	,000		,000	,000
	N	1025	1027	1026	1026	1027	1025	1024	1027	1025	1025
2.9 Indique su grado de acuerdo con la siguiente afirmación. Los coches patrulla deberían estar formados por hombres o por hombres y mujeres, pero no solo por mujeres.	Correlación de Pearson	,050	-,369**	-,063	-,037	-,006	,010	-,008	,139**	1	,164**
	Sig. (bilateral)	,107	,000	,042	,230	,836	,747	,807	,000		,000
	N	1028	1030	1029	1028	1030	1027	1026	1025	1030	1028
2.10 Indique su grado de acuerdo con la siguiente afirmación. Los policías son los "ángeles custodios" de la sociedad.	Correlación de Pearson	,185**	,039	,295**	,256**	,216**	,253**	,288**	,201**	,164**	1
	Sig. (bilateral)	,000	,213	,000	,000	,000	,000	,000	,000	,000	
	N	1028	1030	1029	1028	1030	1027	1027	1025	1028	1030

** La correlación es significativa al nivel 0,01 (bilateral).

* La correlación es significante al nivel 0,05 (bilateral).

LA VALORACIÓN DEL RIESGO DE REINCIDENCIA EN DELITOS VIALES

DANIEL BRUNS. @BRUNSLEDESMA

E l pasado mes de abril, la Comisión Catalana de Tráfico y Seguridad Vial, máximo órgano consultivo en materia de tráfico del gobierno de Catalunya, anunciaba la creación de un grupo de trabajo para encontrar medidas específicas y realmente disuasorias contra la actitud de lo que considera un colectivo potencialmente peligroso : los conductores reincidentes. La preocupación del ejecutivo catalán tiene su lógica. En los primeros cuatro meses de este año, veintidós personas perdieron la vida en las carreteras catalanas en tan solo cuatro accidentes de tráfico, tres de los cuales, fueron provocados por conductores reincidentes. Esta es la crónica de sucesos[1]:

- 29 de enero de 2016. Una chica de 25 años fallece víctima del accidente provocado por un

---

1. Se pueden consultar las noticias en: http://www.elperiodico.com/es/noticias/sociedad/conductor-ebrio-sin-carnet-provoca-choque-mortal-girona-4860339; http://www.elnacional.cat/es/sociedad/accidente-freginals-sueno_106401_102.html#; http://www.rtve.es/noticias/20160403/conductor-frances-del-accidente-siete-muertos-pont-molins-tenia-retirado-carne/1329967.shtml; http://www.elperiodico.com/es/noticias/sociedad/atropello-fuga-nina-bonmati-detenido-mossos-5135791

conductor que conduce bajo los efectos del alcohol y la drogas, y con el permiso intervenido por la policía. El mismo conductor, estuvo solo tres horas antes implicado en otro accidente del que se dió a la fuga, siendo localizado por la policía momentos después en otra población.Le inmovilizaron el vehículo, pero después de hacerse de nuevo con él, volvió a conducir bajo los efectos del alcohol y las drogas provocando de nuevo el choque frontal que costó la vida a la chica

- 20 de marzo de 2016. Trece chicas fallecen y otras cuarenta sufren heridas de distinta consideración al accidentarse el autobús en el que viajan. Se apuntó como causa principal un error humano: el conductor se durmió al volante. En esta ocasión el responsable no fué un reincidente, sin embargo, el suceso causó una gran consternación y contribuyó posiblemente a la decisión del gobierno catalán.

- 2 de abril de 2016. Fallecen siete personas en el choque de dos turismos . Se apuntó como causa principal del accidente el exceso de velocidad. El conductor responsable del accidente, reincidente por sanciones administrativas de tráfico, circulaba además con el permiso de conducir retirado.

- 16 de mayo de 2016. Una niña de cuatro años pierde la vida y su madre resulta herida gravemente al ser arrolladas por un turismo. El conductor circulaba bajo los efectos del alcohol y las drogas. Embistió a la niña y a la madre mientras conducía de forma temeraria, y se dió a la fuga sin prestarles auxilio.

Aunque a fecha de hoy el ejecutivo catalán todavía no se ha pronunciado de forma definitiva sobre las medidas que pretende adoptar, la directora del Servei Català de Trànsit Eugenia Domenech, anticipó que una de ellas podría consistir en el estudio del perfil de los conductores reincidentes, con el objetivo de evaluar su posible riesgo de reiteración de conductas delictivas[2]. Las experiencias en nuestro país sobre la materia han sido pocas, y la investigación aún se encuentra en una fase muy experimental- a diferencia de lo que ocurre en otros países como Francia e Inglaterra donde estos análisis se realizan con asiduidad y forman parte de la praxis judicial-, aun así, considero que los pocos proyectos que se han llevado a cabo hasta ahora, resultan de gran interés criminológico y de gran utilidad social, por su contribución en aras de prevenir las graves tragedias que tienen lugar en las carreteras.

LA VALORACIÓN DEL RIESGO DE REINCIDENCIA EN DELITOS VIALES. UNA EXPERIENCIA PIONERA.

En el año 2010, el Fiscal de Sala de Seguridad Vial D. Bartolomé Vargas Cabrera en coordinación con el Fiscal Jefe de Alicante y el grupo GrADeT, formado por investigadores de la Universidad Miguel Hernández de Elche y criminólogos de la policía local de este municipio, impulsó un proyecto piloto pionero en España para proponer dictámenes periciales criminológicos de valoración de riesgo de reincidencia en los procesos por delitos contra la seguridad vial[3]. Este interesante proyecto, aunque en su dia

---

2. Noticia disponible en: http://www.diaridegirona.cat/catalunya/2016/04/09/transit-admet-permis-per-punts/776884.htm.

3. Proyecto GrADet, Centro Crimina, Universidad Miguel Hernández, Elche.

fué abandonado por Elche, ha servido de antesala a la práctica de otros estudios de este tipo en España. En 2014 la policía local de Murcia se sumó a la iniciativa bajo el impulso de la Fiscalía de esta Comunidad Autónoma y hasta fecha de hoy, son los que más han avanzado en la materia elaborando más de 40 informes criminológicos de valoración de riesgo (según datos ofrecidos por la misma institución). Más recientemente en el año 2015, se sumó a la iniciativa la Policía Municipal de Madrid bajo la supervisión del Fiscal Adscrito D. Mario Sanz[4]. Y quién sabe si Cataluña, siguiendo el camino ya trazado por sus antecesores, se sumará también a algún proyecto similar. Lo que sí queda claro es que la Fiscalía General del Estado ha mostrado gran interés en seguir realizando estudios de este tipo, incluso ha llegado a proponer la creación de unidades policiales especializadas de valoración de riesgo en delitos viales[5].

¿POR QUÉ RESULTA TAN NECESARIA LA INVESTIGACIÓN EN ÉSTE CAMPO?

Las lesiones producidas por accidentes de circulación suponen la principal causa de muerte en personas jóvenes de todo el mundo[6]. Si bien es cierto que en los últimos

Recurso electrónico disponible en: http://www.crimina.es/documentos/documentos/00209/Proyecto_GrADeT.pdf. También: Proyecto piloto sobre dictámenes criminológicos..Ministerio Fiscal. Fiscal de Sala Coordinador de Seguridad Vial, disponible en: https://www.fiscal.es/fiscal/PA_WebApp_SGNTJ_NFIS/descarga/Proyecto%20piloto%20Dictamenes%20Criminologicos.doc?idFile=64d6e40e-b816-432b-bc38-a8328ead2816.

4. Memoria Fiscalía 2015 . p.459.

5. Documento, Proyecto piloto sobre dictámenes criminológicos.

6. Según la OMS supone la primera causa de muerte entre personas de 15-29 años.Datos disponibles en el documento: OMS Departamento de Prevención de la Violencia y los Traumatismos y Discapacidad, Informe sobre Situación Mundial de la Seguridad Vial 2015, OMS, Ginebra, 2015.

años el número de víctimas mortales en carretera ha descendido notablemente, 1126 personas aún son demasiadas[7].

En la inmensa mayoría de accidentes con resultado de víctimas, se encuentra presente como principal causante el factor humano (distracción, conducción a velocidad inadecuada, conducción sin permiso de conducir, conducción temeraria o con manifiesto desprecio para la vida de los demás, conducción bajo los efectos de las drogas, negativa de someterse a las pruebas de detección de alcohol y drogas). En cualquier caso, buena parte de estos accidentes, son provocados por conductas de riesgo intencionadas o imprudentes, que acaban generando graves consecuencias en forma de víctimas mortales, lesiones, daños materiales y daños psicológicos. La particularidad que presenta esta delincuencia es que puede darse en individuos de todas las condiciones. Pueden coexistir perfectamente el delincuente habitual procedente de un entorno social desfavorecido , con otros sujetos de conducta intachable y posición social más favorecida, que esconden detrás del volante una conducta antisocial. Las consecuencias jurídicas de los actos de unos y otros son las mismas, lo que sin duda no deber ser igual para todos es la respuesta penal a estos comportamientos, pues de nada sirve la imposición de una pena o una medida de seguridad sin el previo estudio de las circunstancias concretas del hecho y el sujeto. Profundizar en las causas del delitos y los accidentes de tráfico, significa colaborar a

7. Durante el año 2015, en las vías interurbanas españolas se han producido 1.018 accidentes mortales en los que han fallecidos 1.126 personas y 4.843 han necesitado hospitalización como consecuencia de las heridas sufridas. Datos consultados en: http://www.dgt.es/es/prensa/notas-de-prensa/2016/20160104-nuevo-minimo-historico-numero-victimas-mortales-accidente-desde-1960.shtml.

ofrecer una respuesta más acertada que ayude a prevenir tragedias en las carreteras. Este es precisamente el fundamento del proyecto que aquí se presenta.

VARÓN, DE ENTRE 25-45 AÑOS, MULTIRREINCIDENTE, QUE CIRCULA SIN LA HABILITACIÓN CORRESPONDIENTE Y CONSUMIDOR HABITUAL DE ALCOHOL

Este es según la Policía Local de Murcia, el perfil de sujeto considerado como potencialmente peligroso para la reiteración de conductas delictivas contra la seguridad vial.

Este cuerpo policial puso en marcha en 2013 bajo el impulso de la Fiscalía de esta Comunidad Autónoma su proyecto, "Evaluación del Riesgo de Reiteración de Conductas Delictivas en la Delincuencia Vial". El mismo supuso, en gran parte, la continuación del proyecto GrA-Det que en su día con mayor o menor fortuna inició la Universidad Miguel Hernández de Elche y la Policía Local de este municipio. Desde su inicio y hasta fecha de hoy, han elaborado más de cuarenta dictámenes criminológicos de evaluación de riesgo de reiteración de delitos viales, siendo la institución que más ha avanzado en la materia en nuestro país. A partir de un instrumento de evaluación de diseño propio, y del seguimiento y estudio de las sentencias judiciales y dictámenes emitidos durante el periodo 01 de enero de 2014 – 31 de diciembre de 2015, han podido concluir que este es el perfil de conductor con alto potencial de riesgo de reiteración de conductas delictivas relacionadas con el tráfico.

PROTOCOLO DE ACTUACIÓN

A partir de las directrices pautadas por la Fiscalía de Sala de Seguridad Vial de la Fiscalía General del Estado y la

Fiscalía de Murcia, los investigadores, policías criminólogos del propio cuerpo policial, han creado un protocolo de actuación para la elaboración de los informes criminológicos.

La información necesaria para la elaboración de los dictámenes se obtiene a partir de, a) el análisis de la información contenida en el propio atestado policial; y b) entrevistas semiestructuradas con los sujetos infractores. A partir de un un método de evaluación propio inspirado principalmente en el modelo del "triple riesgo delictivo" (TRD-2008) del profesor Santiago Redondo, pero con variables adaptadas al ámbito de la seguridad vial, se ha diseñado un modelo de entrevista en el que se incluyen preguntas estructuradas en tres categorías o fuentes de riesgos:

1. personales: edad, sexo, consumo de tóxicos y medicamentos, antecedentes, nivel de transgresión social y nivel de sinceridad
2. relativas al apoyo prosocial: situación familiar, situación laboral
3. coyunturales: básicamente nivel de dependencia del vehículo

Fuera de estos tres grandes bloques, también se han tenido en cuenta otras variables específicas que permiten una valoración más individualizada del caso concreto, y que son relevantes tanto en sentido positivo como negativo para la predicción de la delincuencia viaria (tipo de vehículo, actividad laboral, comportamiento durante la entrevista, naturaleza del lugar de origen o destino, edad de los ocupantes del vehículo, proximidad temporal de antecedentes, concurrencia de delitos y siniestro con víctimas, ausencia de colaboración con los funcionarios, concurso de delitos, concurrencia de infracciones graves o muy graves, y uso de vehículos no aptos para la circulación). La entrevista con el sujeto se realiza en el momento inmediatamente posterior a los hechos durante la instrucción de las diligencias policiales, o si la situación no lo permite (por las condiciones del sujeto o necesidades de servicio), durante las 24 horas posteriores. El diseño sencillo e intuitivo del cuestionario facilita que cualquier funcionario con una mínima formación básica y dentro de los procedimientos normales de trabajo, pueda cumplimentarlo con éxito. En los casos en que la falta de colaboración del sujeto o su deficiente estado psicofísico no permite obtener toda la información necesaria, se obvian ciertas cuestiones y se utiliza solamente la información disponible en las diligencias y las bases de datos policiales, aplicando en estos casos una escala de valoración distinta.

Los informes no se realizan en todos los casos. Con el objetivo de delimitar aquellas conductas que representan un mayor nivel de amenaza contra la seguridad del tráfico, los dictámenes se elaboran sólo en casos de especial gravedad. Atendiendo a los criterios establecidos por el Fiscal de Sala de Seguridad Vial, se han diseñado unos supuestos concretos:

SUPUESTOS DE MULTIREINCIDENCIA CONTRA LA SEGURIDAD VIAL/POTENCIAL PELIGROSIDAD. Entendiéndose como tal aquellos supuestos en los que concurran otras condenas ejecutorias por delitos comprendidos en el mismo Título y de la misma naturaleza, siempre que no hayan sido cancelados (art. 22.8 CP); o en el segundo caso, aunque no exista multireincidencia o habitualidad en sentido estricto, concurran al menos tres condenas ejecutorias relacionadas con la Seguridad Vial, de cualquier naturaleza.

SUPUESTOS DE SINGULAR GRAVEDAD. En este caso se atiende al nivel de riesgo creado por conductas atentatorias contra la vida o la integridad física de las personas, o la puesta en peligro de otros bienes jurídicos. Para no caer en valoraciones demasiado subjetivas de los funcionarios actuantes, se han establecido unos supuestos concretos:

- Siniestros con resultado de muerte, con la concurrencia de al menos otro delito vial.

- Siniestros con resultado de lesiones muy graves, también con la concurrencia de otro delito vial.

- Supuestos en los que concurran tres o más delitos viales, por ejemplo: conducción a velocidad excesiva, bajo los efectos del alcohol y de forma temeraria.

- Supuestos de delitos viales realizando una actividad potencialmente peligrosa, por ejemplo, transporte de pasajeros o de materias peligrosas.

- Cometer un delito vial en lugares o actos de gran concurrencia pública (centro comercial, manifestación u otras situaciones de singular naturaleza) de tal forma que se origine una situación de grave riesgo para las personas.

Una mejora destacable respecto al proyecto anterior de Elche, es que en este caso la Policía Local de Murcia incluye directamente el informe criminológico en el atestado policial, lo que permite una mayor celeridad en el proceso.

En el informe, aparte de dictaminar el grado posible de reincidencia futura en delitos viales, se indica también la propuesta penológica que resulte más adecuada al sujeto, ofreciendo así al juez un asesoramiento experto que contribuya a lograr una decisión más justa.

PRINCIPALES RESULTADOS

Atendiendo a los distintos análisis estadísticos realizados a partir de la información contenida en los informes criminológicos, se han obtenido los siguientes resultados[8]:

El 100% de los sujetos evaluados son varones, con una edad media de 35,5 años

El 57,2% son de nacionalidad española, mientras que el 42,8% son extranjeros

Con respecto a los motivos de la detención, el 90,5% lo han sido por carecer de permiso de conducción (por no haberlo obtenido, pérdida de puntos o por resolución judicial), bien exclusivamente o en conjunción con otros delitos contra la seguridad vial, mientras que el 9,5% por otras causas (alcoholemia). El 52,3% añaden la conducción bajo influencia de bebidas alcohólicas a la carencia de permiso, por lo que el consumo de éstas está presente en el 61,9% de las personas detenidas. El 9,5% lo fueron por alcoholemia exclusivamente, de los que además un 50% por negativa a someterse a las pruebas de detección legalmente establecidas.

El 85,7% de los detenidos colabora voluntariamente en la confección de la Ficha de Factores Criminógeno-Viales.

Las causas que motivan la emisión del informe pericial criminológico son: 76,2% multirreincidencia y el 23,8%

8. Datos publicados: Fiscalía de la Comunidad Autónoma de Múrcia - Memoria 2015 (Ejercicio 2014).

por especial peligrosidad, desglosada en un 14,3% por reincidencia e implicación en siniestro de circulación, el 4,7% por conducción bajo los efectos del alcohol y siniestro de circulación y un 4,7% por alcoholemia y siniestro con resultado de muerte.

La media de antecedentes por delitos contra la seguridad vial se sitúa en 3. Se aprecia que aquellos que poseen 3 o 4 antecedentes por delitos contra la seguridad vial acaparan el 66,6% del total (14 sujetos).

IMPLICACIONES

Resulta indiscutible la utilidad que pueden tener los informes criminológicos en los procesos judiciales[9]:

- OFRECEN UNA VALORACIÓN ADECUADA DEL HECHO DELICTIVO. Teniendo en cuenta lo que ya he comentado sobre el perfil del delincuente vial, puede resultar muy útil que un experto, en este caso un criminólogo, aporte sus conocimientos para evaluar cual es el riesgo de reincidencia que puede presentar esta persona tras la sentencia, y por consiguiente, determinar con mayor exactitud las medidas o penas alternativas a imponer para evitar su reincidencia o para ayudar a su rehabilitación.

- PERMITEN UNA MAYOR INDIVIDUALIZACIÓN DE LA PENA. El estudio individualizado de las características propias del sujeto y del hecho concreto, puede ser también muy útil para determinar con mayor

9. Climent Durán, C., Garrido Genovés, V., & Guardiola García, J. (2012). El informe criminológico forense: teoría y práctica.Edit. tirant lo blanch, p.p 48-51.

criterio judicial, no solo el tipo de pena o medida de seguridad a imponer, si no también su extensión e idoneidad, contribuyendo así a la aplicación de una justicia más justa y eficaz.

- PERMITEN OFRECER UNA RESPUESTA MÁS EFICAZ A LAS VÍCTIMAS Además de valorar el delito y la pena a imponer, también es necesario hacer una valoración de los aspectos indemnizatorios. Una compensación económica por daños y perjuicios no siempre es igual a una restitución satisfactoria para la víctima. Una adecuada valoración criminológica de los factores de interacción entre víctima y victimario, permite ofrecer una respuesta lo más adecuada posible para ayudar a resarcir el daño causado.

- RESULTA ÚTIL EN LA EJECUCIÓN DE LA CONDENA. Por todo lo que ya se ha dicho anteriormente, la adecuada valoración de las circunstancias del hecho y del sujeto permite valorar el riesgo real de reincidencia delictiva y aplicar la pena, medida de seguridad o deber complementario (art. 83 CP) más adecuado.

Los más escépticos pueden replicar que la implantación de estos proyectos, como cualquier otra práctica fuera de lo habitual, puede ser vista con descrédito o desconfianza. Razón no les falta, sin embargo en este caso, vale la pena comentar que en términos generales el impacto juris- diccional de los informes criminológicos presentados ha resultado positivo, como así lo demuestran los datos: en un 62.5% de los casos se hizo mención expresa de los dic- támenes en el proceso considerándolos como una herra- mienta decisoria útil, y en un 56,2% de los casos, la pena impuesta coincidió con la sugerida en el informe por los criminólogos[10].

En un momento en el que se está empezando a cuestionar la validez del actual sistema de permiso por puntos y la eficacia de las sanciones penales frente a determinados tipos de conductores, es importante emprender proyectos de este tipo que contribuyan a un mejor conocimiento de las causas de los delitos y los accidentes.

---

10. Fiscalía de la Comunidad Autónoma de Múrcia - Memoria 2015 (Ejercicio 2014) - p.p 100-105. Disponible en: https://www.fiscal.es/memorias/memoria2015/FISCALIA_SITE/recursos/fiscalias/superiores/murcia.pdf.

LOS POSTULADOS DE QUÉTELET EN EL ENTENDIMIENTO DE LA CRIMINALIDAD Y COMO BASES DE UNA POLÍTICA CRIMINAL

WAEL HIKAL

RESUMEN

De Quételet, se pueden desprender aportaciones que han perdurado a través de los años y con aproximación al contexto presente muy atinado. A pesar de su variado bagaje intelectual diversificado en áreas muy polarizadas una de la otra, supo vincularlas atinadamente, para nuestro interés, destaca, entre otras: La Estadística Criminal, las leyes térmicas, tras los años, su utilidad para clasificar los tipos de criminalidad, así como los tipos de estadísticas y la predicción del crimen según parámetros de repetición de conducta.

Palabras clave: Estadística Criminal, Leyes térmicas, Predicción del crimen, Política Criminal.

APORTACIONES A LA CRIMINOLOGÍA, SOCIOLOGÍA, ASTRONOMÍA Y NUTRIOLOGÍA

Nacido el 22 de febrero de 1874, en Ghent, Bélgica, conocido en nuestro rubro por haber aplicado las estadísticas y la teoría de la probabilidad a los fenómenos sociales de la criminalidad. No siendo suficiente una sola área del conocimiento, fue matemático, astrónomo, estadístico y sociólogo.

Es considerado como el principal exponente de la Escuela Cartográfica o Geográfica, y a su vez como fundador de la Estadística y Bioestadística. También fundó el Real Observatorio de Bélgica. No solo fue destacado en la Estadística, sino que estudió además la lluvia de meteoritos y la radiación que estos producen. Influenciado por la Astronomía y su metodología, Quetelet empleo esta para los fenómenos humanos y determinar en base a las reconstrucciones cósmicas, los patrones, constantes y otras determinantes, para describir y predecir los comportamientos humanos a nivel social. Este señalaba que la vida del ser humano puede predecirse según patrones de comportamiento, medidos por la Estadística, a esto lo llamó: Mecánica social (Houck, 2009, pp. 27 y 28).

Fue hijo de Francois Augistin Jacques Henri Quetelet y Anne Francoise Vandervelde. Fue profesor de Matemáticas en el Colegio de Ghent, en 1819 recibió el doctorado en Filosofía por sus estudios sobre intersecciones cónicas (curvas obtenidas de la intersección de la superficie de un cono con un plano) por la Universidad de Gante. El mismo año fue profesor de Matemáticas en el Ateneo de Bruselas, y fue electo para secretario perpetuo de la Real Academia de Ciencias y Artes, del cual ocupó el cargo por 40 años. Se casó en 1825 se casa, él y su esposa tuvieron dos hijos.

Durante 1823, Quetelet hizo campaña y gestiones para fundar el Observatorio Real de Bélgica, para lo cual, fue comisionado a París a estudiar Astronomía bajo la dirección de Dominique Arago, director del Observatorio de

París. Aquel observatorio sería dirigido por este luego de su nombramiento en 1828. De las aportaciones de Quetelet, entre otras, sería haber observado una subdivisión en un anillo de Saturno, además realizó un catálogo de más de 10,000 estrellas, así como eclipses lunares y solares, ocultaciones planetarias y estelares, auroras boreales y sus anomalías magnéticas, cometas, asteroides y más.

Fue editor del periódico Correspondencia, de Matemáticas y otras investigaciones relacionadas con la Demografía. En 1833 creó la sección de Estadística de la Asociación Británica para el Desarrollo de la ciencia en Cambridge. Fue aceptado como miembro de la sociedad de Estadística de Londres.

Dentro de sus obras más populares, destaca: En el hombre y el desarrollo de sus facultades: Un tratado en física social (1835) (luego con título: La Antropometría o medidas de las diferentes facultades del hombre en 1871), contribuyó a la formación de la Sociología e introdujo el concepto de "hombre promedio". En 1835, organizó la primera conferencia internacional de Estadística, del cual fue presidente (Hockey, 2007).

Otras obras han sido: La propensión del crimen, Astronomía elementaría, Historia de las ciencias matemáticas y físicas en Bélgica, Teorías de las probabilidades, Las leyes del nacimiento y la muerte en Bruselas, Investigación sobre el peso del hombre en diferentes edades, entre muchas otras.

Por otro lado, aportó el índice de masa corporal (IMC) o índice de Quételet, que es utilizado internacionalmente para determinar la obesidad, que es una medida de asociación entre la masa y la talla. Quetelet demostró que una vez finalizado el crecimiento tanto en hombres como en mujeres de talla normal el peso era proporcional al valor de la talla al cuadrado, siendo valores medibles y predecibles los de talla normal, baja y con sobrepeso; constituyendo los indicadores de masa corporal, que serían utilizados en la evaluación del estado nutricional 100 años más tarde.

Respecto sus leyes de probabilidad, al desarrollar el concepto de "hombre promedio", fue una aplicación del concepto de curva normal del astrónomo Gauss, que determinaba que los patrones de comportamiento humano podían ser precedidos según pautas de conducta general y repetitivos.

Quetelet realizó aportaciones a muy variadas áreas del conocimiento, en la que nos corresponde, actualmente es a la Criminología, pero también al campo maravilloso de la Astronomía, y en otro extremo a la Nutriología, más extremo, a la Sociología, con aportaciones que son básicas como sustento de esta, y finalmente, es considerado el fundador de la Estadística. Falleció el 17 de febrero de 1874.

POSTULADOS

De Quételet, se pueden desprender aportaciones que como el resto de autores, han perdurado a través de los años y con aproximación al contexto presente muy atinado. A pesar de su variado bagaje intelectual diversificado en áreas muy polarizadas una de la otra, supo vincularlas atinadamente, para nuestro interés, destaca, entre otras: La Estadística Criminal, las leyes térmicas, tras los años, su utilidad para clasificar los tipos de criminalidad, así como los tipos de estadísticas y la predicción del crimen según parámetros de repetición de conducta.

LA ESCUELA ESTADÍSTICA DE LA CRIMINOLOGÍA

Apunta Schmalleger:

> In 1835, Belgian astronomer and mathematician Adolphe Quételet (1796-1874) published a statistical analysis of crime in a number of European countries, including Belgium, France, and Holland. Quételet set for himself the goal of assessing the degree to which crime rates vary with climate, sex, and age. He noticed what is still obvious to criminal statistician today-that crime changes with the seasons, with many violent crimes showing an increase during the hot summer months and property crimes increasing in frequency during colder parts of the year. As a consequence of these observation, Quételet proposed what he called the "thermic law". According to the thermic law, Quételet claimed, morality undergoes seasonal variation- a proposal stimulated widespread debate in its day (2006, p. 35).

Quetelet trataba con el término de "hombre promedio", lo cual de manera simple, comenzaba con la suma de adquisición de características de la cultura popular. Existe un hombre promedio y un ideal de hombre, él pensaba que la naturaleza tiene como meta al hombre promedio, pero cualquier desviación es un tipo de error (Houck, 2009, p. 28).

De nuevo Schmalleger, señala: *"The work of statisticians like Guerry and Quételet formed the historical basis for what has been called the statistical school of criminology. The statistical school foreshadowed the development of both sociological criminology and the ecological school"* (2006, p. 35).

Señala Orellana Wiarco las tres conclusiones fundamentales a las que llegó Quetelet:

1. El delito es un fenómeno social que puede conocerse y determinarse estadísticamente.

2. Los delitos se comenten año tras año, con una absoluta regularidad y precisión.

3. Los factores que intervienen como causas de la actividad delictuosa son variadas: el clima, la pobreza, la miseria, el analfabetismo, etc. (2007, p. 162).

LAS LEYES TÉRMICAS

Se apunta que desarrolló las llamadas: Leyes térmicas, donde tiene influencia el medio geográfico, como el clima, temperatura, altitud, y otros elementos en la esfera del sujeto, a saber, de nuevo, apuntado por Orellana Wiarco:

En invierno se cometen mayor número de delitos contra el patrimonio, que en verano.

Cuando Quételet formula esta ley, en Europa, no existían energéticos como el petróleo y sus derivados, dependiéndose sólo del carbón y la leña, de ahí que la dureza del invierno obligara a la gente de escasos recursos al robo, para allegarse medios que le permitieran sobrevivir al frío de esta estación.

Los delitos contra las personas en su integridad física se cometen en mayor número en el verano.

Esto lo atribuye Quételet a que el calor, la temperatura más elevada, excita a las pasiones humanas; el sujeto, debido a la misma temperatura se torna más irritable, consume más bebidas embriagantes, los días son más largos, se relaciona más intensamente con el medio social, y todo ello puede derivar en conflictos, que dan lugar, a riñas, lesiones u homicidios (Orellana Wiarco, 2007, pp. 162 y 163).

Al respecto, aporta Restrepo Fontalvo:

> Sobre esta base, resulta comprensible, por ejemplo, el aumento de los delitos contra las personas en verano, época del año en que es muy alto el nivel de contactos interpersonales, por el incremento de la vida al aire libre, mayor tiempo de ocio, por tratarse de un período vacacional (...) (2002, p. 246).

1. Los delitos contra las personas tienden a aumentar según nos aproximamos al Ecuador, y a la inversa, los delitos contra la propiedad disminuyen.

2. Los delitos sexuales se cometen con mayor frecuencia en la primavera.

Según Quételet, de la misma manera en que en los animales se manifiesta en esta época el celo, la necesidad de aparearse, en el hombre también ocurre lo mismo, de ahí que suceden las agresiones de carácter sexual (Orellana Wiarco, 2007, pp. 162 y 163).

De lo anterior, aporta Reyes Echandía:

> Parece que las temperaturas elevadas sensibilizan la afectividad, propician reacciones de agresividad y en general extrovierten al individuo, a tiempo que las bajas temperaturas disminuyen el ritmo de las reacciones, inducen a la meditación y consecuencialmente recluyen al sujeto en si mismo (1999, pp. 73 y 74).

Sobre las estaciones del clima, abunda en el tema con lo siguiente:

Estas modificaciones son particularmente acentuadas en aquellas zonas que presentan ciclos estacionales; en los países europeos, por ejemplo, se han realizado interesantes investigaciones sobre la relación entre estas periódicas oscilaciones climáticas y la criminalidad; así, los delitos contra la integridad prsonal (sic) (particularmente el homicidios simple y las lesiones personales), la injuria, los desacatos a la autoridad, los pequeños hurtos (carterismo, sustracción de valijas), el incendio, muestran un ascenso considerable durante el verano; en cambio, los hurtos calificados, la estafa, el abuso de confianza, alcanzan su punto culminante en el invierno; por su parte, los delitos sexuales en general proliferan en la primavera.

¿Cuál es la razón para una distribución tan peculiar de la criminalidad? Dijimos ya que las altas temperaturas propias del verano excitan la afectividad; agreguemos a eso que el calor impulsa a la ingestión de bebidas embriagantes, que es este el período vacacional de laño, precisamente en el que el empleado recibe un emolumento adicional como prima de trabajo, que en esta época surge y se desarrolla una intensa corriente migratoria de los centros urbanos a los lugares de veraneo, con la consiguiente congestión humana en hoteles y lugares de diversión pública, y tendremos un fenómeno social propicio para la florescencia de los delitos mencionados; el calor es un buen pretexto para el consumo de cerveza, bebida esta que extrovierte y excita, y hay dinero para la satisfacción de los placeres ajenos al consumo de licores, la presencia de multitudes cuyas unidades se desconocen facilita los choques y conflictos personales, luego las reacciones de agresividad se explican sin mayor esfuerzo; en cuanto a los hurtos, el ambiente es igualmente propicio, porque hay dinero, este se lleva descuidadamente, la misma ligereza de los trajes que se usan en razón del calor, facilita la labor del carterista, lo mismo que la excesiva afluencia de personas en recintos cerrados, como trenes, autobuses, grilles, etc. Cuanto a los incendios, es la ausencia de lluvias, la sequedad de la vegetación, las reuniones campestres y el descuido de los veraneantes en materia de fogatas y cigarrillos, lo que facilita la proliferación.

En el invierno, por su parte, con el rigor de sus bajas temperaturas, paraliza toda actividad que de ordinario se desarrolle a la intemperie, como la construcción y mantenimiento de obras públicas, lo que trae como consecuencia la suspensión de trabajo para una masa humana considerable, si a esto agregamos el receso de la industria turística que ocupa una mano de obra cada vez más numerosa, tendremos un índice de desocupación considerablemente alto; esta circunstancia, unida al aumento de las necesidades de subsistencia (alimentos, calefacción) parece explicar la propensión al hurto con la finalidad de afrontar tal situación; además, las circunstancias de una nocturnidad más prolongada facilita la comisión de estos ilícitos contra la propiedad (Reyes Echandía, 1999, pp. 74 y 75).

De lo anterior, resultan interesantes las observaciones presenciales que se pueden llegar a hacer como turista y observador o solo como este último, adicionalmente, la información trasmitida por los medios de comunicación, revela la influencia de estas hipótesis en la conducta criminal. Si bien, no puede atribuirse del todo el factor climático a la conducta criminal, si influye de modo considerable. Cabe recordar, las ciencias sociales, difícilmente son ciencias exactas, por lo cual, sus resultados, observaciones, descripciones y demás, varían mucho.

Como bien se señalo precedentemente, en las épocas vacacionales, la gente porta más dinero, la emoción le invade, exalta, da júbilo, se tiende al festejo, exceso, grito, abuso en el consumo de bebidas, sustancias y comidas. Al haber más flujo de personas y vehículos, con ello aumenta el congestionamiento, desesperación, calor, falta de tiempo, demanda por artículos de necesidades, prisa de todos por llegar a disfrutar, y como se vive en reto constante de dominio por el territorio, la agresividad negativa comienza, al querer tomar ventaja, protección sobre sí y demás seres, entre otras, para dominar al otro, retarlo, hacerlo a un lado para que no estorbe sus objetivos.

En la calle y lugares abiertos, todos somos unos desconocidos, sobre los cuales, debemos protegernos unos de otros, en esta situación de dominio de territorio, uso de sustancias, el jubilo, desconocimiento y demás, lleva al reto, a las malas interpretaciones con miradas, comentarios, abusos, falta de mediación, diálogo, cooperación.

En las zonas de calurosas, como se indicaba anteriormente, el tipo de ropa, lleva al acoso, hostigamiento, miradas incómodas, proposiciones, tocamientos, palabras, etcétera, lo que puede ser mal interpretado o tratado, llevando a riñas, palabras, encuentros disgustos, violaciones sexuales, entre otros.

Sobre las épocas de frío, tal cual se señaló, las necesidades de cobijo, protección, hogar, calor, alimento, festejo por las fechas decembrinas comúnmente, llevan a esa búsqueda, que de no ser satisfecha, frustra y torna agresivo al individuo. Por otra parte, al desembocar el recibimiento de aguinaldos, y otros estímulos financieros, pone en riesgo a las personas para ser abusadas en sus bienes materiales, así como los hogares vacios por las salidas a los centros comerciales o a casas de otras personas, centros de diversión, etcétera.

No es un orden el que sigue lo anterior, como se apunto, no estamos en posición de una ciencia exacta, pero se busca la aproximación al marco referencial que se ha presentado, con las variables pertinentes según el tiempo, espacio, culturas y demás.

ESTADÍSTICA CRIMINAL

Con sus estudios determinó las edades fértiles en las que se comete la criminalidad en hombres y mujeres, datos que no han cambiado mucho en el contexto actual, donde destaca la época de la juventud y el vigor juvenil, como impulso para la actividad criminal. Señaló que en los hombres, entre los 14 y 25 años, y en las mujeres de los 16 a los 25 años.

En lo que si ha cambiado de lo anterior en el presente, es la precocidad con la que el crimen comienza a ocurrir; por ejemplo: Violaciones sexuales por niños de entre 8 a 12 años, homicidios con técnicas de tortura o modos que rebasan el entendimiento sobre el acto, dichos más acercados a los sicarios contemporáneos con técnicas de terror colectivo, menores con conductas sorprendente-mente violentas, uso de armas, consumo de drogas, invo-lucramiento en riñas, entre otras actividades.

De nuevo, Orellana Wiarco apunta la síntesis realizada por Kropotkin sobre la utilidad de las aportaciones hechas por Quetelet:

> Poseyendo las estadísticas de los años precedentes, se podría fijar por anticipado el número de crímenes que se habrían de cometer en Europa, con una exactitud asom-brosa. Por un procedimiento matemático muy sencillo, se puede hallar la fórmula que permita predecir el número de crímenes, sin más que consultar el termómetro y el higró-metro. Tomad la temperatura media del mes, multiplicadla por siete, añadid a humedad media del mes, volved a mul-tiplicar por dos y tendréis el número de homicidios que se han de cometer en el mes (2007, p. 164).

Lo anterior ha sido una tendencia que marca el rumbo del futuro y ha definido el pasado, es innegable la comparativa que se hace años tras año, al paso de las administraciones de gobierno, y como parámetro para autoevaluarse administrativamente, una reducción en la cantidad de delitos denunciados, se vende como un avance en la prevención del delito, sin tomar en cuenta las cifras ocultas de la criminalidad callejera, y sobre todo de la criminalidad de cuello blanco, que resulta la menos conocida.

Apunta Tieghi: *El "método estadístico" y aun la simple "herramienta estadística" son prácticamente inescindibles del procedimiento de indagación sociológico, y su valor es relativo a la corrección del procedimiento que lleva a su utilización final* (2011, pp. 146 y 147).

Por su parte, Reyes Calderón señala:

> Empieza por conocer los fenómenos de "masa" (reunión de objetos relativamente homogéneos) de donde surgen desmembraciones, combinación de características, elementos para la Sociología Criminal. Los datos de la estadística criminal, seriación temporal (cronología o material), los polígonos y curvas de frecuencia, los grados de dispersión y desviación, descubren visualmente y objetivamente la confusa hondura del mundo delictivo. "A las cifras estadísticas generales corresponde un significación sintomática respecto a la criminalidad y puede hablarse de la importancia representativa de la estadística de los delitos como captación parcial de un fenómeno de masa (2007, pp. 32 y 33).

Reyes Echandía la define de la siguiente manera: *"El conjunto de datos numéricos sobre los crímenes y criminales, extraídos de los registros de organismos oficiales, clasificados, dispuestos y analizados en forma que revelen relaciones entre categorías y datos, publicados periódicamente según un plan uniforme"* (1999, p. 19).

La Estadística Criminal ha tomado importante relevancia, al ser un medio de verificación cuantificable, en una época en donde el valor a los números es preponderante. Como bien se indicó en el concepto anterior, sirve para hacer comparaciones según los tipos de delitos, regiones, actores y factores criminógenos, no solo por organismos gubernamentales, los organismos no gubernamentales cumplen con un servicio social, que según su área de intervención, realizan sus propias investigaciones y estadísticas.

TIPOS DE CRIMINALIDAD

Del estudio anterior, se ha llegado además a la clasificación de los tipos de criminalidad, siendo muy específicos, entre otras, de acuerdo con lo apuntado en Introducción al estudio de la Criminología (2016, pp. 106-111) y por Reyes Calderón (2007, pp. 128-140), como:

Desde el punto de vista estadístico

- Criminalidad real;
- Criminalidad aparente;
- Criminalidad oculta;
- Criminalidad legal;
- Criminalidad judicial;
- Criminalidad impune;
- Criminalidad global;
- Criminalidad específica;
- Criminalidad evolutiva;
- Criminalidad de cuello blanco;
- Criminalidad de provecho;

Por su desarrollo

- Criminalidad tratada;
- Criminalidad retrógrada;
- Criminalidad evolutiva;
- Criminalidad anterógrada;

Por su ámbito

- Criminalidad local;
- Criminalidad nacional;
- Criminalidad internacional;
- Criminalidad transnacional;
- Criminalidad pasiva;

Por su notariedad

- Criminalidad convencional;
- Criminalidad no convencional;

Por su definición

- Criminalidad natural;
- Criminalidad artificial;

Por su oportunidad

- Criminalidad ocasional;
- Criminalidad habitual;
- Criminalidad profesional;
- Criminalidad revelada;

- Criminalidad precoz;
- Criminalidad juvenil;
- Criminalidad tardía;
- Criminalidad intermitente;
- Criminalidad combinada;

Por su finalidad

- Criminalidad social;
- Criminalidad individual;

Por sus agentes

- Criminalidad ordinaria;
- Criminalidad de blusa azul;
- Criminalidad de color caqui;
- Criminalidad de cuello blanco;
- Criminalidad dorada de la delincuencia, y
- Criminalidad masculina y femenina.

En los países del mundo entero; las estadísticas de la criminalidad han aumentado en forma rápida, fuerte y degenerada, la criminalidad se ha convertido en un fenómeno normal que cada vez más personas adoptan y evolucionan. Hay dos factores que contribuyen principalmente a esta situación:

1. El estado no se dio cuenta a tiempo de las limitaciones de la justicia penal tradicional como la policía, tribunales, cárceles, etcétera para responder a ella, y
2. Se presta un apoyo mínimo a la Política Criminal

y Criminología que tienen por objeto conocer las causas y reducir la cantidad de víctimas y criminales.

TIPOS DE ESTADÍSTICAS

Reyes Echandía desarrolló algunos tipos de estadísticas en materia criminal, a saber: Estadística policial, estadística judicial, y estadística penitenciaria.

> Estadística policial es aquella que recoge y compila la policía nacional; sus datos, que abarcan delitos y contravenciones, son tomados de las alcaldías, comisarías, inspecciones, corregidurías y puestos de policía diseminados en todo el país (…).

> Estadística judicial es la que proporcionan los jueces y magistrados penales del país de acuerdo con los procesos iniciados y las providencias dictadas en su desarrollo; se realiza por mandato legal y su diligenciamiento y tabulación (…).

> La estadística penitenciaria compila los datos relacionados con la población reclusa del país; distínguese en ella los sindicatos de los condenados, las diversas categorías de delitos que se les imputa, el sexo, edad, procedencia y demás aspectos personales de los presos, así como el flujo periódico de ingresos y salidas (1999, p. 19).

POLÍTICA CRIMINAL BASADA EN QUETELET

Reyes Calderón aporta:

> La medición de la criminalidad puede tener fines preventivos, causal-explicativos o político-represivos, es decir, para impedirla o castigarla, ocupándose de dos grandes grupos: estadística de delitos o crímenes (revelación de masa de hechos delictivos y estadísticas de delincuentes o criminales revelación de masa de protagonistas) (2007, p. 33).

Reyes Echandía indica:

> La criminología como estudio del delito en todos sus aspectos, exige la realización de investigaciones de campo que permitan señalar la compleja etiología de la criminalidad y su dinámica; tales investigaciones, a su vez, requieren del auxilio de la estadística, porque solo mediante ella es posible cuantificar los datos aportados, establecer correlaciones entre ellos, analizarlos, extraer conclusiones y hacer las recomendaciones de profilaxis delincuencial que parezcan convenientes (1999).

LA PREDICCIÓN AL CRIMEN

La Estadística Criminal, como herramienta útil para la prevención mediante la etiología del crimen, es de múltiples filos al momento de utilizarla, por un lado, la manipulación que existe por parte de los organismos gubernamentales para ocultar cifras de preocupación y realidad para la sociedad, por otro lado, la falta de participación en la denuncia ante los crímenes que las personas padecen, por los motivos que sean, comúnmente: Temor al criminal, le conoce o por temor a las autoridades.

Sin embargo, como señalaba Quetelet, el tomar como parámetro las épocas del año, los patrones de conducta y los tipos de delitos que destacan según las normas anteriores, puede dar predicción y realizar una labor preventiva, de hecho, se lleva a cabo de esa manera; por ejemplo, en épocas de vacaciones, ya sea, de invierno, semana santa, días festivos, verano, entre otras, se toman medidas precautorias y se emiten sugerencias para evitar accidentes de tránsito, robos a los hogares que se quedan solos, así como medidas para prevenir incidentes en las vacaciones, como revisar su vehículo, no beber en carretera, o abusar de la bebida u otros "placeres del momento" que conduzcan a crímenes.

Sobre el beneficio del aguinaldo, primas vacacionales, utilidades, pago de salarios en viernes, quincena o semanal, igualmente se sugiere: No ir al cajero automático solo o de noche, preferible acompañado, resguardar el dinero, no mostrarlo, entre otras. Así, como estos ejemplos anteriores, muchos más, donde se predicen con determinada cercanía, cierto tipo de actividades humanas y sus riesgos, y se busca prevenir actividades que afecten.

MODIFICACIÓN DE ESPACIOS, ESTRUCTURAS E IDEOLOGÍAS

Por otro lado, los medios que conducen a reducir el fenómeno antisocial son necesariamente aquéllos que puedan oponerse a los factores criminógenos que la ocasionan o favorecen. Siendo la criminalidad, en parte, un producto de la miseria, de la ignorancia y de la enfermedad mental y social, los medios hábiles para limitar en lo humanamente posible, son aquéllos que combaten esos factores, el estado, por medio de sus instituciones y servidores públicos, debe dar ayuda a reducir los factores criminógenos. Se ha de entender lo anterior como prevención social del delito.

La aplicación de criterios preventivos requiere un riguroso análisis de los factores de la criminalidad y la aplicación de una serie de medidas eficaces para reducir a corto y largo plazo la cantidad de víctimas y delincuentes. Esas medidas son en resumen:

- Análisis situacional y personal;
- Un diseño urbano más seguro;

- El apoyo a los niños, los jóvenes y las familias vulnerables;

- El fomento de la responsabilidad y la creación de conciencia de la comunidad, y

- La prestación de servicios de seguridad y protección, especialmente de policía y de justicia.

Concluye Tieghi:

> Explícase, entonces, la exigencia de reducir –principalmente por la vía educativa y preventiva- los índices de criminalidad a aquellos márgenes de tolerancia institucional que aseguren, en el mayor grado de efectividad posible, la lamentable y ulterior detección penal, la eventual condena y el más eficaz tratamiento de readaptación –en la comunidad carcelaria- de los delincuentes ocasionales; a su vez, entiéndese también cuál es la razón de la imposición de las más adecuadas y rigurosas medidas de seguridad, junto al ya inevitable y ciertamente tardío tratamiento científico preventivo carcelario y de rumbo moral, respecto de los criminales habituales o de mayor peligrosidad (Tieghi, 2004). Pero ello, como ya hemos explicitado reiteradamente en esta obra, constituye sólo una utopía cuando el mencionado grado de tolerancia ha quedado superado a causa de una deficiente política criminal preventiva.

> Debe advertirse al lector, al educador y al político, además de lo afirmado precedentemente, acerca de la necesidad de ponderar debida y suficientemente cuáles son las dificultades que se les van a presentar, inevitablemente, cuando quieran obtener extemporáneamente un razonable porcentual de éxito en la reducción de las tasas de criminalidad; esto es, cuando ya –inevitable y desafortunadamente- solo les quedarán como únicas opciones la reclusión carcelaria y/o la de poner en práctica –y a prueba- los métodos y las técnicas de modificación de conducta respecto de aquellos niños, jóvenes y adultos antisociales –alojados o no en

establecimientos institucionales-, sin contar con el riesgo cierto de quienes ni siquiera hubiesen sido detectados. Ello es así, ya que todos éstos han incorporado a sí, cual segunda naturaleza aristotélica y tomista o de pulsión organísmica o disposicional adquirida, o como tendencias o estructuras impulsivo-motivacionales criminógenas, a las nuevas necesidades ontogenéticamente adquiridas. Esto, que ha sido ignorado en algunas cátedras e instituciones e incluso en la política criminal de muchos Estados, (…) (2011, p. 28).

REFERENCIAS BIBLIOGRÁFICAS

- Houck, M.M. (2009). Science versus crime (Essentials of forensic science). EUA: Facts on file.

- Hockey, T. (ed.) (2007). Biographical encyclopedia of astronomers (volumen I). EUA: Springer.

- Schmalleger, F. (2006). Criminology today. An integrative introduction (4ª ed.). EUA: Pearson Prentice Hall.

- Orellana Wiarco, O.A. (2007). Manual de Criminología (11ª ed.). México: Editorial Porrúa.

- Restrepo Fontalvo, J. (2002). Criminología. Un enfoque humanístico (3ª ed.). Colombia: Temis.

- Reyes Calderón, J.A. (2007). Tratado de Criminología (4ª ed.). México: Cárdenas Velasco Editores.

- Reyes Echandía, A. (1999). Criminología (8ª ed.). Colombia: Temis.

- Hikal, W. (2016). Introducción al estudio de la Criminología (3ª ed., 1ª reimp.). México: Editorial Porrúa.

- Tieghi, O.N. (2011). "Educación y leyes del aprendizaje social y criminógeno". Archivos de Criminología, Criminalística y Seguridad Privada, año 3, vol. VI enero-julio, México.

www.ingramcontent.com/pod-product-compliance
Lightning Source LLC
Chambersburg PA
CBHW050458290526

45786CB00006B/2350